RÄTSELADVENTSKALENDER

KRIMI

MIT ÜBER
30 RÄTSELN
DURCH DEN
ADVENT

INHALT

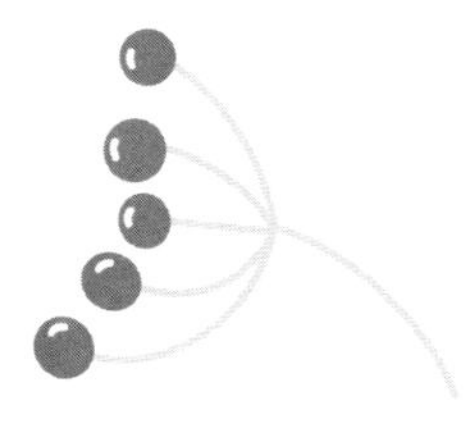

Einleitung

Wir Menschen sind von Natur aus neugierig. Neugierde ist unsere größte Stärke und das Bedürfnis verstehen zu wollen, eine Ur-Eigenschaft.

Hätten sich unsere Vorfahren mit einem „so ist das nun mal" zufrieden gegeben, wären wir heute nicht sehr weit in der Wissenschaft oder Technik, hätten all die Dinge nicht, die für unsere moderne Welt selbstverständlich sind. Die Fähigkeit, Sachverhalte zu hinterfragen, zu testen und weiterzudenken, hat uns zu den Menschen gemacht, die wir heute sind. Eine Menschheit ohne Neugierde kann man sich nur schwer vorstellen.

Inspector Parnacki

Doch heutzutage ist das Bedürfnis, ein Problem zu lösen, eine etwas kompliziertere Angelegenheit. Wenn wir etwas nicht wissen, recherchieren wir einfach im Internet. Findet sich auf die Schnelle keine zufriedenstellende Antwort auf unsere Frage, tun wir sie schlichtweg als unwichtig ab. Es scheint, dass das Internet der Pool des menschlichen Wissens ist, der Lösungen für jegliche Probleme parat hat. Und falls wir darin keine Antwort finden, springen wir vorschnell zu der Annahme, dass man wahrscheinlich mehrere akademische Abschlüsse und ein top modernes Labor benötigt, um überhaupt erst mit dem Tüfteln anfangen zu können.

Und genau da kommen die Rätsel ins Spiel. Probleme lösen ist das älteste Hobby der Menschheit, wie archäologische Funde bewiesen haben. Sogar in den ältesten Tonscheiben, die aus der frühen babylonischen Ära stammen, wurden Rätsel und Scherzfragen gefunden. Es gibt sie in allen bekannten Kulturen der Vergangenheit und Gegenwart. Das Bedürfnis, Probleme zu lösen, ist also universell. Es liegt in unserer Natur. Da trifft es sich gut, dass Rätsel nicht nur Spaß machen, sondern auch gut für das Gehirn sind. Es ist neuerdings bewiesen, dass mentales Training das Gedächtnis und die Fähigkeit, Schlussfolgerungen zu ziehen, fit hält.

Ich hoffe, dass die Rätsel in diesem Buch euch unterhalten und eure Fähigkeit zu schlussfolgern ein wenig trainieren.

Im ersten Abschnitt, Level 1, sind die logischen Unstimmigkeiten, die den Täter identifizieren, recht eindeutig. Sie lassen sich nicht auf den ersten Blick erkennen, doch die Ereignisse sind relativ unkompliziert. Die Ereignisse in Level 2 sind ein wenig undurchsichtiger und die Beweise nicht so eindeutig. Aber es gibt Hinweise, die euch weiterhelfen, falls ihr sie braucht.

Miss Mary Miller

Bei euren Ermittlungen werdet ihr von drei ungewöhnlich aufmerksamen Detektiven begleitet. **Inspektor Parnacki** wird von der Presse „Paddington" genannt, weil seine Arbeit an einem früheren Fall in der gleichnamigen Gegend Londons ihm damals große Beachtung in den Medien schenkte. Heute ist er der Star des Präsidiums in seiner neuen Hei-

matstadt. Er ist stets fein gekleidet, hat sehr gute Manieren und ist genauso einfühlsam wie logisch. **Miss Mary Miller** ist eine leidenschaftliche Ornithologin, Dame der Gesellschaft und Teetrinkerin. Ihr fortgeschrittenes Alter beeinträchtigt ihre außergewöhnlichen Superkräfte in keinster Weise und obwohl sie lieb und harmlos erscheint, ist ihr Verstand immer noch messerscharf. Zu guter Letzt ist da noch **Joshua Cole,** ein ehrgeiziger, junger Journalist mit einem perfekten Gedächtnis, der bei der *Sentinel* arbeitet, einer der größten Zeitungen der Stadt. Wenn er eine Sache investigiert, gibt er alles. Dieses fantastische Trio steht euch bei allen Fällen in diesem Buch zur Seite.

Joshua Cole

Das klassische Whodunit-Konzept zahlreicher Kriminalgeschichten wird hier in Form von über 30 Rätseln an 24 Tagen dargeboten. Kannst du den Schlussfolgerungen von Inspektor Parnacki, der Ornithologin Miss Mary Miller und dem Journalisten Joshua Cole zuvorkommen? Die Lösungen findest du ab Seite 144.

Viel Spaß beim Rätseln!
Tim Dedopulos

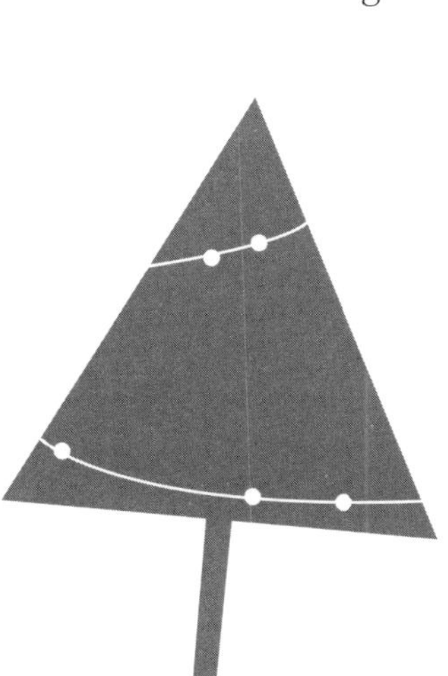

DER HELD

In weniger als vierundzwanzig Stunden war Clark Allison von einem der vielen blinden Obdachlosen zum Star der Stadt aufgestiegen. Er hatte am schnellsten reagiert, als Alice Wilkins in den kleinen See am Ende des Stadtparks fiel. Obwohl er vor zwölf Jahren als Soldat das Augenlicht verlor, lief er ohne eine Sekunde zu zögern ins Wasser, folgte ihren Schreien und schaffte es, sie sicher wieder ans Ufer zu bringen. Die *Tribune* hatte gestern Abend einen kleinen Artikel über die Geschichte veröffentlicht und plötzlich war Allison ein Held.

Reuben Marley, Joshs Herausgeber, arrangierte sofort ein Interview. „In einer halben Stunde triffst du ihn an dem Kiosk an dem See", bestimmte Marley.

Josh widersprach und hob sein in Verband gewickeltes Handgelenk.

Marley unterbrach ihn direkt: „Deine Verstauchung ist mir egal. Hör auf zu jammern. Wenn du immer noch nicht schreiben kannst, nimm Matthew mit. Er kann für dich die verdammten Notizen machen. Und auch gleich ein, zwei Fotos schießen, nur für den Fall. Aber sag Allison gleich, er soll sich keine Hoffnungen machen. Wir nehmen wahrscheinlich ein Foto des Mädchens. Mach dich *nützlich,* Mann. Du wirst nicht fürs gut aussehen bezahlt."

Seufzend ging Josh seinen Fotografen suchen. Hektische vierzig Minuten später standen er und Adam Matthews an dem Kiosk neben dem See. Der Kioskbesitzer deutete auf eine Bank in der Nähe. Darauf saß ein wettergegerbter Mann mittleren Alters. Angesichts seiner Lebensumstände sahen seine Haare, Klamotten und der Bart überraschend gepflegt aus. Er trug eine

dunkle Sonnenbrille und hatte einen weißen Stab bei sich.

Josh und Adam gingen zu ihm herüber.

„Mr. Allison?“, fragte Josh.

„Guten Tag, die Herren“, begrüßte sie Allison. Die Stimme passte zu ihm, sie klang wie zerbrochenes Glas und verschleimt rasselnd. „Sie sind von der *Sentinel,* nehme ich an?“

„Genau. Mein Name ist Josh Cole und das ist mein Fotograf Adam Matthews.“

„Freut mich.“ Allison stand auf, schüttelte Adam die Hand und nickte höflich in Joshs Richtung, anstatt ihm die Hand zu geben. „Sie sehen mich in einem ungewöhnlichen Aufzug. Man hat mir gesagt, ich sehe heute sehr präsentabel aus, dank Ihrer Kollegen von der *Tribune.* So gut habe ich sicherlich seit fünf Jahren nicht mehr gerochen.“

„Können Sie mir etwas über Ihr Leben erzählen?“, fragte Josh.

In den nächsten fünfzehn Minuten berichtete Allison von seiner Kindheit in Armut, einem Abstecher in die Armee, dem Unfall, der ihm das Augenlicht gekostet hatte, seiner Kündigung und der Depression, die ihn erst zum Alkoholismus und dann in die Armut führte. Er sprach ganz offen über seine Fehler und darüber, wie er erwartet, ja gehofft, hatte, auf der Straße zu sterben. Adam kritzelte in unleserlicher Schrift Notizen auf den Notizblock. Josh hoffte, sie entziffern zu können und gab an den richtigen Stellen angemessene Geräusche des Interesses und Mitgefühls von sich.

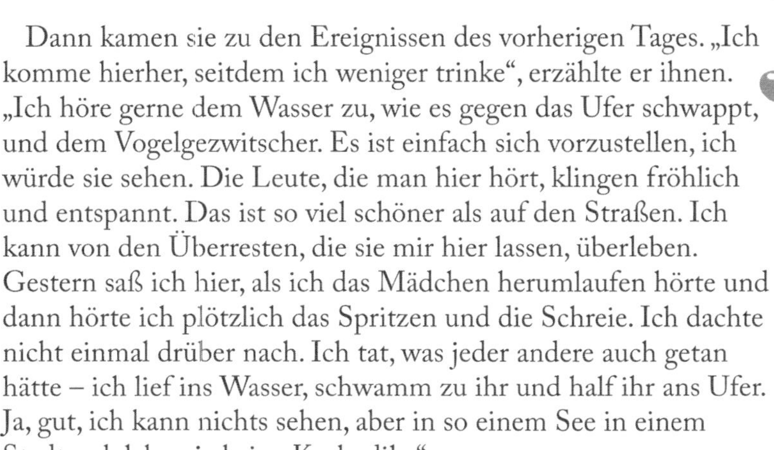

Dann kamen sie zu den Ereignissen des vorherigen Tages. „Ich komme hierher, seitdem ich weniger trinke“, erzählte er ihnen. „Ich höre gerne dem Wasser zu, wie es gegen das Ufer schwappt, und dem Vogelgezwitscher. Es ist einfach sich vorzustellen, ich würde sie sehen. Die Leute, die man hier hört, klingen fröhlich und entspannt. Das ist so viel schöner als auf den Straßen. Ich kann von den Überresten, die sie mir hier lassen, überleben. Gestern saß ich hier, als ich das Mädchen herumlaufen hörte und dann hörte ich plötzlich das Spritzen und die Schreie. Ich dachte nicht einmal drüber nach. Ich tat, was jeder andere auch getan hätte – ich lief ins Wasser, schwamm zu ihr und half ihr ans Ufer. Ja, gut, ich kann nichts sehen, aber in so einem See in einem Stadtpark leben ja keine Krokodile.“

Der Rest der Story war bekannt – die dankbaren Eltern des Mädchens hatten ihm eine Nacht in einem billigen Hotel bezahlt, ein Zeuge, der jemanden bei der Presse kannte, machte ihn stadtbekannt.

„Ich hoffe, das ist die zweite Chance für den alten Clark Allison“, sagte er. „Es war der Alkohol, der mich hierher brachte. Ohne ihn finde ich vielleicht wieder einen Weg raus aus der Gasse. Es gibt viele Jobs, die ein blinder Mann verrichten kann und ihr Typen von der Zeitung seid auch ziemlich großzügig für die Verhältnisse eines Bettlers.“

„Das ist ganz sicher Stoff für ein herzerwärmendes Märchen“, bemerkte Josh zu Adam, als sie auf dem Weg zurück waren. „Der ist nicht blinder als du es bist, aber das muss RM ja nicht wissen.“

Warum glaubt Josh nicht, dass Clark Allison wirklich blind ist?

TIPP:
HANDLUNGEN

➲ Rätsellösung auf Seite 144

DER ANGRIFF

Als Olivia Breeden das Restaurant betrat, sah sie sichtlich unglücklich aus. Sie erblickte Miss Miller an einem Fenstertisch und bahnte sich, den Kellner wegscheuchend, den Weg zu ihr.

„Danke, dass Sie mich so kurzfristig treffen, Mary", sagte sie, während sie sich setzte. „Ich hoffe, es macht Ihnen nichts aus, dass ich mich aufdränge. Ich weiß nur nicht, was ich tun soll und Bonnie wollte unbedingt, dass ich mit Ihnen spreche."

„Überhaupt kein Problem", antwortete Miss Miller. „Ich freue mich immer, wenn ich helfen kann." Sie schenkte sich noch eine Tasse Tee ein, während Olivia sich einen Kaffee bestellte. Als der Kellner wieder weg war, lächelte sie ermutigend. „Was ist denn das Problem, meine Liebe?"

„Es geht um meinen Ehemann. Philip ist ein Großhändler von Obst und Gemüse. Er und sein Partner Monroe beschäftigen zehn Männer, vier davon sind Fahrer, und das Geschäft boomt. Es scheint, dass die Leute mehr frische Produkte essen als noch vor fünf Jahren. Es gehen Gerüchte herum… aber eins nach dem anderen."

Miss Miller nickte ermutigend.

„Philip arbeitet bis 18 Uhr. Dabei ist er sehr strikt. Vor zwei Tagen wollte er gerade nach Hause gehen, als er im Hof angegriffen wurde. Der Typ muss sich im Hof versteckt haben, weil er sich von hinten an Philip heranschlich, doch zum Glück hat er ein Schlurfen gehört und sich umgedreht, sodass der erste Messerstich daneben ging." Sie erschauderte. „Ich kann kaum glauben, was ich hier sage. Der Typ hat versucht, ihm in den Rücken zu stechen! Phil packte den Mann am Arm, schrie und

die beiden kämpfen miteinander. Dann schmiss er Phil zu Boden und rannte davon."

„Du meine Güte", platze es aus Miss Miller.

„Nicht wahr?", bekräftigte Olivia.

„Die ganze Sache war ein großer Schock für ihn. Er erinnert sich nur bruchstückhaft – der Kerl war ein paar Zentimeter größer als er und trug ein Hemd, eine unscheinbare Jacke und hatte dunkle Haare – aber am meisten denkt er natürlich an das Messer, wie Sie sich sicher vorstellen können. Die Polizei war schnell da, aber die sind keine große Hilfe. Ich glaube, sie haben einfach entschieden, dass es sich um einen ganz normalen Überfall handelte."

„Hat jemand anderes etwas gesehen?"

„Nichts, was weiterhilft. Monroe hörte Phils Schreie und bekam den Schluss der Rauferei mit, aber er hat das Gesicht des Mannes nicht gesehen. Ihm fiel nur auf, dass der Kerl eine blaue Krawatte trug. Ein paar Männer hielten sich im Lager auf und hörten die Schreie ebenfalls, aber bis sie beim Tor angekommen waren, hatte sich der Typ schon aus dem Staub gemacht. Von allem, was die vier gesehen haben, wissen wir, dass der Mann ungefähr

1,87 Meter groß war und dunkle Haare hatte. Nicht sehr viele Anhaltspunkte für die Polizei.

„Sie erwähnten Gerüchte, Olivia."

„Oh ja, ich mache mir Sorgen. Philip hat gehört, dass kriminelle Banden versuchen, im Obst- und Gemüsegeschäft mitzumischen, weil es so profitabel geworden ist. Es ist schwer vorstellbar, dass bewaffnete Männer sich für den Vertrieb von Obst und Gemüse interessieren, und ich weiß nicht, was ich davon halten soll."

„Obst und Gemüse können eine gute Deckung für andere Dinge sein", gab Miss Miller nachdenklich zu. „Und können wunderbar zum Schmuggeln dienen. Das ist nicht unmöglich. Hat irgendjemand Ihren Mann kontaktiert, um ihn zum Verkauf zu drängen?"

„Nicht, dass ich wüsste. Aber er würde niemals verkaufen. Sein Großvater gründete das Unternehmen und sein Vater holte Monroes Onkel mit ins Boot. Phil würde die Firma niemals aufgeben."

„Vielleicht ist das das Problem", erwiderte Miss Miller. „Sie sollten die Polizei dazu bringen, sich einmal lange und ausgiebig mit dem Partner Ihres Ehemanns über den Angriff zu unterhalten."

Warum denkt Miss Miller, dass Monroe involviert ist?

TIPP:
SICHT

Rätsellösung auf Seite 144

3

DIE WERTVOLLEN FLÖTEN

Inspektor Parnacki war der überzeugten Meinung, dass der Diebstahl bei Reiners Feinen Instrumenten sich zu einem perfekten Timing ereignete, was kein Zufall gewesen sein konnte. Er paffte seine Pfeife und grübelte.

Mathias Reiner, der Geschäftsführer, hat am selben Nachmittag eine Lieferung eines kleinen Pakets von wertvollen goldenen Flöten mit silbernen Tasten entgegen genommen. Fast alle waren vorbestellt und die Lieferung an die Kunden sollte am nächsten Morgen erfolgen, also konnte man sicher behaupten, dass man es auf sie abgesehen hatte. Natürlich hatten die Diebe mehr als nur die Flöten gestohlen. Bargeld von mehreren Tagen zusammen mit mehr oder weniger wertvollen Instrumenten wurden entwendet. Es schien wahrscheinlich, dass die Flöten eingeschmolzen werden würden – eine Aussicht bei der Mr. Reiner fast ohnmächtig wurde.

Der Geschäftsinhaber war versichert, doch deckte die Versicherung so ungewöhnliche Artikel wie diese Flöten nicht ab, wodurch er als Verdächtiger ausgeschlossen werden konnte. Aller Wahrscheinlichkeit nach zerstörte der Dieb Mr. Reiner in finanzieller Sicht. Daher kamen nur vier Leute, die von der Lieferung wussten, infrage.

Richard Pope war Reiners Angestellter. Ein halbprofessioneller Musiker Mitte zwanzig, der fast genauso geschockt wegen der Flöten war, wie Reiner. Pope versuchte seit fast zwei Jahren, eine Stelle als Vollzeitgeiger zu bekommen, aber schien die Arbeit bei Reiners Feine Instrumente in der Zwischenzeit zu mögen. Am vorherigen Abend spielte er in einem kleinen Musikclub am anderen Ende der Stadt und hatte zwanzig Zeugen, die das belegen konnten.

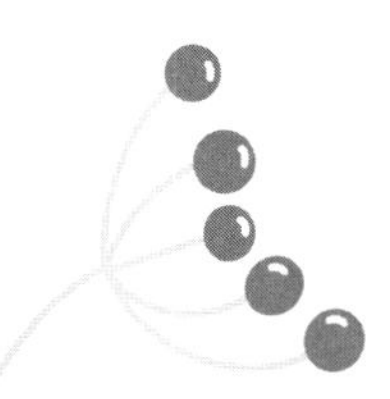

Owen Norton war der Paketzusteller. Die Flöten stammten aus Deutschland und er, Pope und Reiner hatten sich über den Inhalt des Pakets unterhalten, wobei Reiner von der Qualität der Flöten schwärmte. „Ich war gestern Abend bei meiner Schwester", sagte Norton. „Meine Frau und ich besuchen sie jede zweite Woche. Wir aßen einen sehr leckeren Schweinebraten und dann unterhielt uns meine Nichte mit ein paar Liedern, die sie erst kürzlich im Chor gelernt hat. Ich habe nicht mehr von Reiners Flöten gesprochen. Es wäre nicht korrekt so über die Geschäfte von jemandem zu sprechen."

James Harrel war ein Stammkunde bei Reiners Feine Instrumente und war gerade im Geschäft, um Geigensaiten zu kaufen, als die Lieferung kam. „Ja, ich habe gehört, wie Mathias und Richard über die Flöten sprachen. Sie klangen wundervoll, muss ich sagen. Leider nicht mein Bereich. Ich spiele ausschließlich Saiteninstrumente. Gestern Abend? Ich war aus mit Alva, meiner Frau. Gerade spielen sie Macbeth im Avenue – ‚Sei blutig, kühn und fest, lach aller Toren' – wundervolles Stück." Anschließend zeigte er zwei leicht zerknitterte, aber sonst makellose Eintrittskarten für Macbeth vor, auf denen das Datum des vorherigen Abends stand, und zitierte noch mehrere Minuten aus dem Stück.

Schließlich war da noch Manfred Mueller, der Mann, der Reiner die Flöten verkauft hatte. Er lebte in Köln, wo Reiner ihn als junger Mann kennen gelernt hatte. Mueller sprach ein gutes

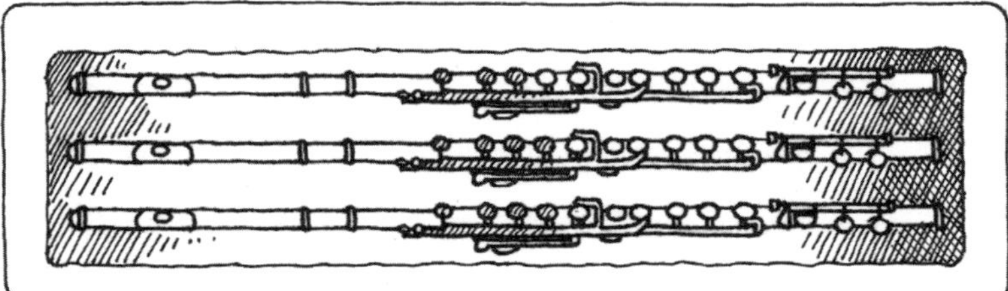

Englisch, doch auch wenn er die Lieferung hätte stehen wollen, hätte er dies sicherlich in Deutschland getan und wäre nicht heimlich über Landesgrenzen hinweg gereist, um einen alten Freund in den Bankrott zu schicken.

Nein, sagte Parnacki sich, die ganze Sache war lächerlich offensichtlich.

Wen verdächtigt Parnacki des Diebstahls?

TIPP:
ALIBIS

➲ Rätsellösung auf Seite 144

4

DER MORD AN MISS WIGHTMAN

Der Mord an einer hübschen, jungen Schulleiterin sorgt immer für Schlagzeilen, besonders, wenn sie beliebt, fröhlich und die Nichte von einem der Seniorberater des Bürgermeisters war. Ihr Tod dominierte die Zeitungen derart, dass zwei weitere große Ereignisse des Tages völlig untergingen: Das neue Wolfsgehege im Zoo und der nicht angekündigte Busstreik wurden kaum erwähnt.

Josh Cole saß an seinem Schreibtisch in der Nachrichtenredaktion und versuchte, einen frischen Ansatz für die Geschichte um den Mord an Rachael Wightman zu finden. Die merkwürdige, fast rituelle Weise, wie ihre Leiche positioniert worden war, war nichts Neues mehr. Es gab nichts über ihren tragischen Tod zu berichten, das nicht schon gesagt wurde.

Die Polizei verfolgte eine kurze Liste Hauptverdächtiger, aber es war noch zu früh, um darüber zu schreiben. Es gab zwar Hinweise, aber die durften noch nicht an die Öffentlichkeit gelangen, um die laufenden Ermittlungen nicht zu gefährden. Außerdem war die Veröffentlichung einer Short-List von Verdächtigen sowieso ein guter Weg verklagt zu werden.

Thad Cable war Bauarbeiter. Er arbeitete seit ein paar Wochen an dem Haus neben den Wightmans. Er gab offen zu, dass Miss Wightman ihm aufgefallen war und er sie ungewöhnlich attraktiv fand, doch das war nichts Außergewöhnliches. Ein Freund von Cable beschrieb ihn als temperamentvoll, aber harmlos. Laut des Mannes war er über die Mittagszeit nicht auf der Baustelle, sondern bei seiner Frau Imogen und ihrer Familie zum Essen. Imogen Cable bestätigte inbrünstig, dass Thad bei ihr gewesen war. Trotzdem hielt die Polizei ihn noch immer für verdächtig.

Der zweite Verdächtige, Irvin Ingram, war Rachels Cousin. Es war bekannt, dass er das Opfer am vorherigen Abend besucht hatte, weswegen er aufgrund der Nähe zum Opfer verdächtigt wurde. Er war ihr Cousin väterlicherseits und war mit keinem Lokalpolitiker verwandt, was ihn aus journalistischer Sichtweise automatisch weniger interessant erscheinen ließ. Er arbeitete im Sekretariat einer Finanzverwaltung. Im Polizeibericht fand man nichts Erwähnenswertes über ihn. In der Stunde zwischen dem Augenblick, als Rachael zuletzt gesehen wurde und dem Fund der Leiche, steckte er im Stau fest, in einem Bus Richtung Innenstadt, um ein paar Dokumente von der Bank, die sie berieten, zu holen, da sein Chef sie dringend benötigte. Der letzte Verdächtige, Will Blazer, galt als Hauptverdächtiger. Er war Rachaels Bekannter und unsterblich in sie verliebt. Mehrere seiner Annäherungsversuche liefen ins Leere. Obwohl es ihm nicht gelang, sich bei dem Opfer beliebt zu machen, und er kontinuierlich eine Abfuhr nach der anderen erhielt, brach er bei der Nachricht von ihrem Tod zusammen. Laut den Polizeiberichten, nannte er sie immer wieder die Liebe seines Lebens. Es schien ganz so, also ob Mr. Blazer und die Realität sich nicht sehr gut verstünden. Er war Versicherungskaufmann und behauptete, er sei während der Mittagszeit in einem langen Meeting gewesen.

Josh runzelte die Stirn, als ihm ein Detail ins Auge fiel und machte sich eine Notiz. Wenn er seinen Anruf bei der Polizei sorgfältig plante, würde die *Sentinel* die einzige Zeitung sein, die am nächsten Morgen über die Festnahme des Mörders berichtete.

Wen hat Josh als Mörder identifiziert und warum?

TIPP: NACHRICHTEN

Rätsellösung auf Seite 144

RAUB BEI BISBURY'S

Der Manager des Schreibwarenladens Bisbury's hieß Thomas Lane. Der große, schlanke Mann mit einem ovalen Gesicht schritt aufgebracht im Büro auf und ab und knetete dabei die Hände. Inspektor Parnacki fokussierte lieber den Schreibtisch, weil das weniger anstrengend für die Augen war.

„Sie sagten, dass der Zeitpunkt des Diebstahls gut gewählt wurde", hakte der Inspektor nach.

Lane nickte. „Ja, am Abend vor dem letzten Freitag im Monat haben wir immer das meiste Bargeld im Safe. Genug für die Wochengehälter, Monatsgehälter und die Barzahlungen an die

Zulieferer, und es lagen auch die Einnahmen von unserer ziemlich erfolgreichen Rabattaktion auf Eichenartikel darin. Das ist eine Katastrophe."

Er deutete auf den Safe, der offen stand und leer war. Er war hoch oben in der Wand eingelassen und wurde von einem eingerahmten Verkaufszertifikat verdeckt. Darunter stand ein Bürostuhl mit hoher Lehne, der mit dem Bürostuhl vor Lanes Schreibtisch, auf dem Inspektor Parnacki saß, identisch war. An der gegenüberliegenden Wand standen Aktenschränke. Lane hielt für einen bedeutungsschwangeren Moment inne. „Ich war übrigens zuhause bei meiner Frau und den Kindern."

„Wissen irgendwelche Ihrer Mitarbeiter, wie man den Safe öffnet?"

Lane lachte verbittert. „Natürlich! Alle! Die Vorschrift von oben lautet, dass das Bargeld nicht länger als nötig in den Kassen liegen darf, damit eventuelle Räuber gar nicht erst auf die Idee kommen, sie auszurauben. Deswegen weiß jeder, wie man das Geld im Safe lagert. Der Schlüssel liegt in der Schreibtischschublade. Abends schließe ich sie zu, aber das hat offenbar nichts genützt."

Die Schreibtischschublade war einfach aufgebrochen worden und stand jetzt zersplittert auf dem Schreibtisch. Der Schlüssel steckte noch im Safe.

„Falls Sie sagen müssten, wen Sie als Erstes verdächtigen–"

„Reynolds", antwortete Lane wie aus der Pistole geschossen. „Er ist einfach zu fröhlich und gutaussehend, um in so einem Geschäft wie unserem zu arbeiten. Er muss etwas im Schilde führen."

Parnacki nickte. „Kann ich irgendwo in Ruhe mit dem Personal sprechen?"

Der Manager ließ die Schultern hängen. „Wenn Sie unbedingt wollen. Obwohl ich es Ihnen eher nicht raten würde. Man kriegt,

was man zahlen darf. Benutzen Sie dieses Büro. Es gehört mir ja sowieso nicht mehr – hierfür werde ich gefeuert. Ich hole sie Ihnen. Jeder einzeln, nehme ich an?"

„Danke, das ist wirklich sehr freundlich."

Gene Reynolds war ein großer, ansehnlich gebauter Mann mit einem Lächeln auf dem Gesicht und einer etwas theatralischen Aura. Wenn der Überfall ihm einen Dämpfer versetzt hat, war ihm das nicht anzusehen. „Gestern machte ich wie üblich um 17 Uhr 30 Schluss", berichtete er, „und ging in die Stadt. Dort traf ich mich mit meiner Freundin und wir sahen uns das Theaterstück ‚Der Zauberer von Oz' an. Meine Adele liebte natürlich die Kuh Imogene. Anschließend sind wir direkt schlafen gegangen und das ist alles, was ich Ihnen sagen kann."

Henry Tyson war ein grüblerischer Mann, etwa so groß wie Lane, mit einem spitzen Haaransatz und einem mehrere Zentimeter unter dem Kinn spitz zulaufenden Bart. Er sah aus, als würde er gleiche eine Taube aus dem Ärmel schütteln. „Gestern Abend war ich in meiner Unterkunft", erzählte er. „Acht von uns schlafen in Mrs. Frees Pension. Wir alle sind Arbeiter. Anders als einige andere, verachte ich unsere Lebensumstände nicht, aber ich sehne mich nach dem Tag, an dem der technologische Fortschritt die harten niederen Arbeiten ineffizient macht." Er blickte den Inspektor bedeutungsvoll an. „Ich war den ganzen Abend über im Gemeinschaftsraum und in der Nacht in meinem Schlafzimmer, was Mrs. Frees erschreckend gutes Gehör bezeugen kann."

Marius Morse schließlich war ein sehr kleiner, förmlicher Mann Mitte zwanzig, dessen Handschlag an das Berühren einer toten Ratte erinnerte. „Gestern Abend war wie jeder andere Abend", schilderte er. „Ich wohne bei meiner Mutter. Mein Vater starb vor zehn Jahren und er fehlt ihr sehr. Unter der Woche bin ich jeden Abend spätestens um zwanzig nach sechs zuhause

und bleibe dort bis ich gefrühstückt haben – um genau zu sein, verlasse ich das Haus morgens um viertel nach acht. Manchmal erlaube ich es mir, freitags oder samstags bis spätestens halb elf auszugehen, aber gestern war weder Freitag noch Samstag.“

Nachdem Morse gegangen war, kam Lane zurück. „Sie haben jetzt mit all meinen geistreichen Mitarbeitern gesprochen. Alles authentische Charaktere im schlimmsten Sinne des Wortes. Ich werde sie nicht einen Deut vermissen.“

„Könnten Sie mir einen von ihnen noch einmal reinschicken, Mr. Lane?“, fragte Parnacki. „Ich habe noch ein paar Fragen an ihn.“

Wen verdächtigt Parnacki und warum?

TIPP:
POSITION

Rätsellösung auf Seite 145

DER RÄUBER

Abends in einem Schnapsladen zu arbeiten, gehört zu den weniger sicheren Jobs im Einzelhandel. Laut Polizeibericht, den Inspektor Parnacki erhalten hatte, sagten Zeugen aus umliegenden Ladenparzellen, dass Tom Pearse um 19 Uhr 18 starb. Als die Polizei ankam, war Pearse bereits tot und sein Mörder mit dem Inhalt der Kasse entkommen.

Der Laden wirkte ziemlich heruntergekommen. Der Lack auf den Regalen war alt, an einigen Stellen blätterte Farbe ab. Die verschiedenen Regale passten nicht zueinander und waren willkürlich aufgestellt worden, sodass eines die Seitentür verstellte, während leere Zwischenräume ungenutzt blieben. Auf dem Fußboden fehlten ganze Holzdielen und die Dielen, die noch in Ordnung waren, wiesen Weinflecken auf. Der ganze Laden schrie förmlich nach einer Renovierung.

Man fand Pearse Leiche hinter dem abgenutzten Tresen. Die Lade der leeren Kasse hing über ihm. Ihm war zweimal in die Brust geschossen worden, kein Schuss traf ins Herz. Diese Tatsache ließ vermuten, dass es sich um einen Amateur handelte, was wiederum zu der Art der Gewalt passte, die Schnapsläden normalerweise anzogen. Der Mörder hatte keine offenkundigen Beweise hinterlassen, weswegen Parnacki den Tatort den Kriminaltechnikern überlies und stattdessen mit den Zeugen sprach.

Daniel Whidon hatte als Erster Alarm geschlagen. Er arbeitete nebenan in einem Lebensmittelladen. Er war ein schlaksiger Vierundzwanzigjähriger mit einer etwas nervösen Ausstrahlung. „Tom und ich grüßten uns“, erzählte er dem Inspektor. „Er war älter als ich – fünfunddreißig, denke ich – und nicht besonders freundlich. Er war in Wirklichkeit sehr verbittert. Aber wir alle

auf dieser Straßenseite haben den gleichen Besitzer, also lästerten wir manchmal zusammen über den alten Geizhals. Was? Oh, sein Name ist Harry Hawke. Bitte sagen Sie ihm nicht, dass ich ihn einen Geizhals genannt habe, sonst werde ich dafür bezahlen müssen. Ach ja, gestern Abend. Ich hörte von nebenan Schüsse. Nun, ich vermutete, dass sie aus dem Schnapsladen kamen. Wer würde eine Sandwichbude ausrauben? Jedenfalls rief ich die Polizei, schloss den Laden und ging nachsehen. Bill von der Kneipe auf der gegenüberliegenden Straße kam gerade herüber. Peter von dem Feinkostgeschäft stand im Laden. Er war ganz blass. Tom war schon tot. Nein, ich habe niemanden auf der Straße gesehen. Er muss weggelaufen sein, während ich die Polizei rief. Sie war in wenigen Minuten da."

Peter Davey, neunundzwanzig, arbeitete in dem Delikatessengeschäft auf der anderen Seite des Schnapsladens. „Ich konnte

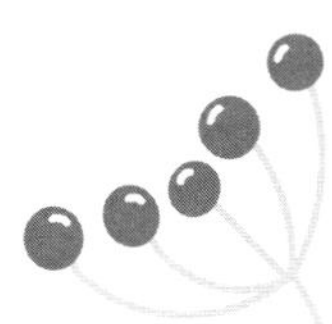

nicht viel erkennen, aber ich sah den Typen. Ich hörte die Schüsse und stürmte raus. Da sah ich, wie ein großer, stämmiger Mann die Tür öffnete. Ich konnte nur einen kurzen Blick auf ihn werfen, aber er sah dumm und brutal aus, und seine Nase war platt wie die eines Boxers. Ich wollte nicht, dass er mich sieht. Deswegen lief ich geduckt in die Straße und betrat den Laden durch die Seitentür. Tom lag in einer Blutlache hinter der Theke. Ich glaube, er war schon tot. Einen kurzen Augenblick später kam Dan aus dem Lebensmittelladen hereingestürzt, gefolgt von Bill aus der Kneipe. Die Polizei war nicht weit. Aber niemand konnte mehr etwas tun. Nein, Tom und ich standen uns nicht nahe. Er war nicht der Typ dafür. Aber so ermordet zu werden, das hat er nicht verdient, erschossen nur für das Geld in der Kasse."

William Brewer besaß und führte *Die Brauerei*, die Kneipe gegenüber dem Schnapsladen. Er war ein korpulenter Mann Anfang fünfzig.

„Klar hörte ich die Schüsse, dann ging ich hinaus und sah Dan seinen Laden abschließen. Es kann sein, dass ich einen großen Mann eilig weggehen sah, aber es war dunkel und vielleicht haben meine Augen mich ausgetrickst. Als ich die Straße überquert hatte, war Tom schon tot. Ich konnte nichts mehr tun, und man lässt eine Kneipe voll Trinker nicht unbeaufsichtigt, also ging ich zurück. In der Zwischenzeit habe ich ein paar Flaschen Fusel verloren, aber nur das billige Zeug. Klar, kannte ich Tom. Er kam oft nach Feierabend. Er war wie die anderen Stammgäste. Dies ist kein guter Stadtteil, wissen Sie? Er war unzufrieden mit der Richtung, die sein Leben genommen hatte, aber wer ist das hier nicht? Feinde? Nein, Männer wie Tom sind zu sehr mit sich beschäftigt, als dass sie sich Feinde machen. Leute, denen du egal bist, sind keine Feinde. Falls er Freunde hatte, habe ich sie nie getroffen. Wünschte, ich könnte Ihnen mehr erzählen. So eine

Sache ist wirklich schlecht fürs Geschäft. Egal, zurück zu Tom. Er war vielleicht kein Sonnenschein, aber er war ein anständiger Gast und man konnte gut über Fußball mit ihm sprechen."

Als er *Die Brauerei* verließ, sah Inspektor Parnacki zu dem Schnapsladen und den Geschäften links und rechts davon auf der gegenüber liegenden Straße hinüber.

„Wir müssen nicht weiter in der Umgebung suchen", sagte er nachdenklich.

Wen verdächtigt Parnacki und warum?

TIPP:
LOGISTIK

Rätsellösung auf Seite 145

DIE GOLDENE HIRSCHKUH

Es ist mutig, ein Restaurant auszurauben, während noch die letzten Gäste des Abends bedient werden.

Die Goldene Hirschkuh, ein französisches Restaurant der Spitzenklasse, befand sich in der Tilson Street mitten im Amüsierviertel der Stadt. Der Dieb hatte den Besitzer, Murray Blevins, angegriffen und während der taumelnd wieder zu sich kam, die Kasse ausgeräumt und war wieder über den Hintereingang verschwunden.

Ein Blick durchs Restaurant genügte und Inspektor Parnacki wusste, wie der Angriff abgelaufen sein musste. Die Kasse befand sich hinter der Getränketheke im hinteren Teil des Restaurants. Die Toiletten waren an der hinteren Wand des Raumes, gleich neben dem offenen Ende der Getränketheke. Die großen Schwingtüren zur Küche befanden sich neben den Toiletten. Direkt hinter ihnen verlief ein Flur, der links zum Hintereingang und zur Straße und rechts zum Vorratsraum und Kühlraum führte. Es wäre leicht, aus der Toilette zu kommen, die Kasse zu plündern und durch die Schwingtüren durch den Flur zur Straße zu fliehen.

Auf einer Seite des Flurs gelangte man durch einen hohen Bogen in die Küche, die voll war von Kochfeldern, Grillen und Öfen, metallenen Arbeitsflächen, Regalen mit Geschirr und Besteck sowie Schränken mit weiteren Küchenutensilien. An einer Wand standen mehrere Spül- und Trockenmaschinen.

„Er hatte eine Pistole", erzählte Murray Blevins. „Ich wollte einem Kunden gerade sein Rückgeld geben, als er plötzlich neben mir stand und mir die Waffe gegen die Schläfe drückte."

Inspektor Parnacki signalisierte ihm sein Mitgefühl. Blevins hatte tatsächlich einen ziemlich heftigen Bluterguss rechts am Kopf.

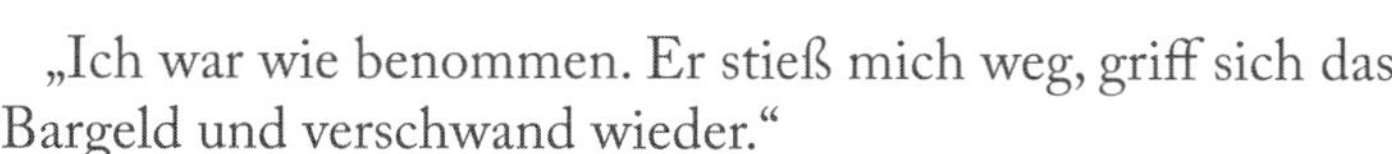

„Ich war wie benommen. Er stieß mich weg, griff sich das Bargeld und verschwand wieder."

„Können Sie den Mann beschreiben?"

„Wir gesagt, Inspektor, er trug eine Abraham-Lincoln-Maske. Alles, an was ich mich erinnere, sind die Maske, die Waffe und der lange Mantel. Er hat nichts gesagt. Verdammt, ich sage ‚er', aber es kann auch eine Frau gewesen sein. Ich weiß nicht mal wie groß er war, weil ich gestürzt bin. Aber zum Glück hat er niemanden von meinen Mitarbeitern verletzt oder die Kunden ausgeraubt. Wenn wir einen bewaffneten Raubüberfall erleben mussten, dann hätte ich mir so einen gewünscht. Nur der Schlag auf den Kopf hätte nicht sein gemusst."

Das meiste Küchenpersonal hatte zum Zeitpunkt des Überfalls schon Feierabend. Der Tellerwäscher, Barney Davenport, hatte nichts gesehen oder gehört. Erst als Blevins blutend in die Küche gestolpert kam, um nach einem Lappen zu suchen, erfuhr er, was passiert war. Doch der Chefkoch, Buddy Cross, hatte den Man gesehen.

„Wir hatten volles Haus und servierten viel Essen. Ich war gerade dabei, Sachen für morgen vorzubereiten, die über Nacht durchziehen müssen, als die Türen plötzlich aufflogen. Ich arbeite hauptsächlich dort drüben an der hinteren Wand."

Er deutete auf eine lange Arbeitsfläche unter einem Spiegel.

„Ich möchte direkt sehen, was rausgeht und reinkommt. Jedenfalls hörte ich die Tür aufgehen und erhaschte einen Blick auf einen Mann, der in den Flur rannte. Ich war beschäftigt und müde, deswegen habe ich mir nichts dabei gedacht."

„Können Sie den Mann beschreiben?"

„Leider konnte ich ihn nicht gut sehen, auch das Gesicht nicht. Er war mittelgroß, hatte dunkles Haar und dunkle Kleidung. In der linken Hand hielt er einen Zettel, aber ich weiß nicht, was darauf stand. Alles ging so schnell. Wenige Sekunden später kam

Murray herein gestolpert, der am Kopf blutete. Barney und ich halfen ihm sofort. Ich wünschte, ich könnte Ihnen mehr sagen."

„Würden Sie ihn wiedererkennen?"

„Nun, das weiß ich erst, wenn ich es ausprobiere, denke ich, aber wahrscheinlich nicht. Ich habe ihn nur eine Sekunde gesehen und dachte an meine Linsen."

Der Oberkellner, Merle Wheeler, arbeitete seit sieben Jahren in dem Restaurant.

„Ich war in der Nähe des Eingangsbereiches", erzählte er dem Inspektor. „Ich bediente noch zwei Tische und kümmerte mich darum, dass sie ihre Rechnung bekamen. Aber ich kann Ihnen eines sicher sagen. Er ist nicht durch die Eingangstür gekommen."

„Sind Sie sich sicher?"

„Nun, es kann natürlich sein, dass der Mann früh am Abend oder um die Mittagszeit hereinkam und sich stundenlang in einer Toilettenkabine versteckt hat. Niemand hat eine besetzte Toilette gemeldet, aber wenn man mehrmals geht, fällt das auch nicht auf, richtig? Aber seit halb acht bin ich die ganze Zeit bei den Gästen. Ich habe jede Person hereinkommen und hinausgehen sehen, ich wusste immer, wer da war. Wie Sie es sich sicher vorstellen können, müssen wir darauf achten, dass sich kein Gast unbemerkt herausschleicht."

„Ich verstehe“, bestätigte der Inspektor. „Kann er durch ein Fenster in der Toilette hereingekommen sein?“

„Nur, wenn er sehr schlank war“, räumte Wheeler ein. „Die Fenster sind nicht sehr breit. Eher nicht, würde ich sagen.“

Der andere Kellner, Baldwin Sweet, arbeitete seit drei Jahren in der Goldenen Hirschkuh. „Ja, ich habe ihn ganz kurz gesehen. Ich hätte helfen müssen, hab' ich aber nicht. Ich fühle mich schrecklich.“

„Was genau ist passiert?“

„Ich räumte gerade Tisch zwölf ab und war beladen von sechs Tellern, Schüsseln und mehreren Wein- und Wassergläser, deswegen dachte ich nur daran, alles heile in die Küche zu tragen. Ich ging los und blickte zur Getränketheke herüber, als ich sah, wie er sich über die Kasse beugte. Er sah ein bisschen wie Abraham Lincoln aus. Dann stöhnte Blevins, der neben ihm stand, plötzlich auf. Als ich zurücksah, rannte der Mann schon durch die Schwingtüren. Ich erinnere mich, dass er einen langen, dunklen Mantel trug. Ich wollte hinter ihm her, aber dann hätte ich das ganze Geschirr fallen lassen müssen, was ich dann aus eigener Tasche hätte bezahlen müssen, und die Tische neun und

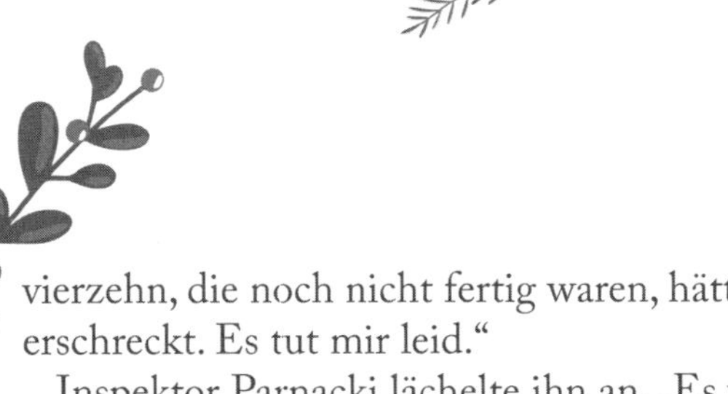

vierzehn, die noch nicht fertig waren, hätten sich ja auch zu Tode erschreckt. Es tut mir leid."

Inspektor Parnacki lächelte ihn an. „Es war wahrscheinlich gut so. Der Mann hatte eine Waffe, und wären Sie ihm hinterher gerannt, hätte er Sie vielleicht erschossen."

Sweet schluckte nervös. „Menschenskind."

Als der Inspektor aus dem Restaurant zurückkam, hatten die Beamten ihm drei Verdächtige gebracht, die in der unmittelbaren Umgebung des Restaurants zur Tatzeit gegen 22 Uhr gesehen wurden.

Der erste war Rubin Wilson, ein großer, bulliger Mann. Laut Polizeiberichten hatte er bereits zweimal im Gefängnis gesessen, einmal wegen Überfalls und das andere Mal wegen Diebstahls. Er galt als Auftragsdieb. Sein Blick war düster. Er trug blaue Jeans und eine weiße Baumwollweste, die er nutzte, um dem Inspektor seine Armmuskeln zu präsentieren. Er hatte mehrere religiöse Tattoos. Unter anderem ein schlechtes Porträt der Jungfrau Maria auf seinem linken Oberarm, ein Kruzifix am Hals und das Wort Jesus auf der rechten Hand. Um den Hals, etwas unter dem Tattoo, trug er eine Kette mit noch einem Kruzifix.

„Die Goldene Hirschkuh? Nein", berichtete er ungehobelt. „Bin nie da gewesen, werde ich auch nicht. Das is' n Schickimicki- Laden. Klar, ich bin schon öfter dran vorbeigegangen. Ich bin Stammgast bei Lucy's in der Straße gegenüber. Da war ich gestern Abend auch. Deswegen war ich in der Nachbarschaft. Hab' mich mit einem Kumpel getroffen. Harley Rozella. Wir blieben bis elf, tranken ein paar Drinks gegen den Alltagsstress, wissen Sie. Der wird dasselbe sagen. Auf den kann ich immer zählen."

Der zweite Verdächtige hieß Edwin Burchfield. Er war ein ehemaliger Mitarbeiter von Murray Blevins, grimmig und Ende zwanzig. Er war mittelgroß und mittelschwer, trug eine schwarze

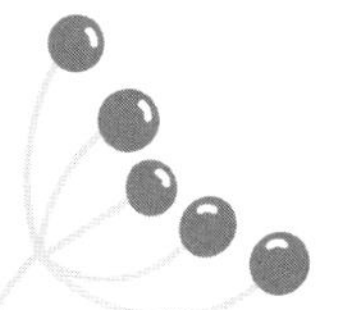

Stoffhose und ein schwarzes Hemd. Er saß noch nie im Gefängnis oder wurde verurteilt.

„Ja, ich habe mal in der Küche in der Hirschkuh gearbeitet. Ich wohne gleich in der Nähe in der Sullivan Street. Aber das war auch das einzig Gute an dem Job. Ich musste viele Überstunden machen, die Bezahlung war schlecht, der Chefkoch eine echte Diva und der alte Murray drehte mir das Ohr wegen Sachen um, mit denen ich nichts zu tun hatte. Ja, Sie haben recht, mir gefiel es dort nicht. Ich hielt es sechs Monate aus, bis ich etwas anderes fand. Das war vor einem Jahr ungefähr. Jetzt brauche ich länger zur Arbeit, aber das ist es mir wert. Die Hirschkuh war ätzend. Gestern Abend? Ich machte um halb zehn Feierabend und ging zu Fuß nach Hause, wo ich um Viertel nach zehn ankam. Das ist alles."

Der letzte Verdächtige war Angus Hofstadter. Er war mittelgroß und stämmig. Er saß längere Zeit im Gefängnis, weil er jemandem die Beine gebrochen hatte. Man nahm an, dass er

damals für einen Schuldeintreiber arbeitete, wofür es aber keine Beweise gab. Er war in den Dreißigern und hatte einen seltsam ausdruckslosen Gesichtsausdruck.

„Ich war einmal in dem Restaurant, aber das ist nicht mein Ding. Ich sah mich für meine Lieferung an dem Nachmittag um, Inspektor. Ich sollte mehrere Tische zu einem Café ein paar Türen weiter von dem Restaurant, das Sie erwähnten, liefern. Ja, ich sehe mir die Orte, an die ich ausliefere, oft vorher an, wenn ich sie nicht kenne. Dann läuft der Arbeitstag problemloser und mein Chef mag es nicht, wenn ich Zeit verschwende. ‚Sei vorbereitet' ist mein Motto. Außerdem gehe ich gerne im Dunkeln durch die Stadt. Also ging ich nach dem Abendessen rüber zu Eura & Paul, um zu sehen, ob da genug Platz ist, große Türen, keine Straßensperrungen und so. Alles sah gut aus."

Als Hofstadter wieder aus dem Verhörzimmer geführt wurde, kam der Beamte Elden herein. „Wir haben die Maske gefunden", berichtete er dem Inspektor. „Sie lag in einer Mülltonne, einen Block von der Goldenen Hirschkuh entfernt. Abraham Lincoln, genau wie sie gesagt haben. Außerdem lag da noch eine Requisiten-Pistole. Fake, aber realistisch. Mehr leider nicht. Ansonsten war die Tonne leer."

„In dem Fall", sagte Inspektor Parnacki, „bringen Sie mir bitte einen der Verdächtigen wieder herein und wir werden sehen, ob er gesteht."

Wen verdächtigt der Inspektor und warum?

TIPPS:

MURRAY BLEVINS HATTE EINE VOLLVERSICHERUNG FÜR DIEBSTAHLVERLUSTE, UNTER DER BEDINGUNG, DASS DER FALL MIT EINER VERURTEILUNG ENDETE.

BUDDY CROSS IRRTE SICH MIT EINEM DETAIL, DAS ER INSPEKTOR PARNACKI NANNTE.

MERLE WHEELER ARBEITETE DEN GANZEN ABEND IM RESTAURANT, ABER MANCHMAL WAR ER SEHR MIT DEN GÄSTEN BESCHÄFTIGT.

BALDWIN SWEET MAG MERLE WHEELER NICHT SEHR.

RUN WILSON HATTE SICH SCHON BEI VIER VORHERIGEN GELEGENHEITEN EIN ALIBI VON HARLEY ROZELLA GEBEN LASSEN.

EDWIN BURCHFIELD WAR EIN ARMER ARBEITER UND ER GING NICHT FREIWILLIG – MURRAY BLEVINS FEUERTE IHN.

ANGUS HOFSTADTER ARBEITET NEBENBEI IMMER NOCH FÜR KRIMINELLE.

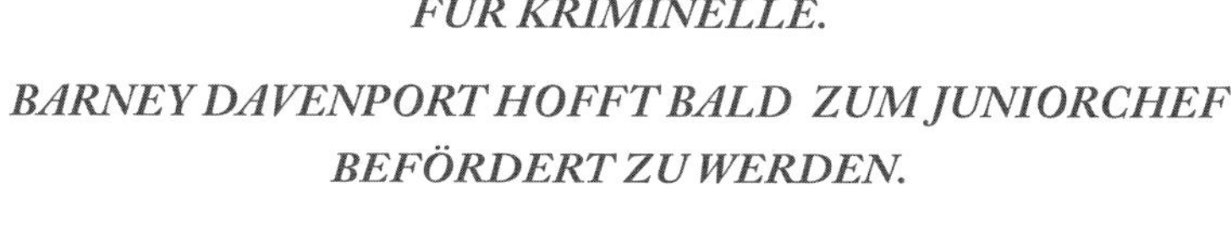

BARNEY DAVENPORT HOFFT BALD ZUM JUNIORCHEF BEFÖRDERT ZU WERDEN.

Rätsellösung auf Seite 145

7

DER UHRMACHER

Uhrmacher J.L. Jennings gehörte seit mehr als zehn Jahren zum festen Stadtbild. Der alte Mr. Jennings war ein Perfektionist und Gewohnheitstier, wie man es eben von einem Mann erwartet, der mit Uhren arbeitete. Miss Miller kam für gewöhnlich morgens um fünf vor elf auf dem Weg zum wöchentlichen Mittagessen mit den Mitgliedern des Ornithologenverbands an seinem Laden vorbei. Er saß dann ausnahmslos an dem Schreibtisch vor dem Fenster und beugte sich über irgendeine Art von Mechanismus. Selten kam es auch vor, dass er an einem Gehäuse arbeitete. Sie guckte immer ins Fenster und wenn sich ihre Blicke trafen, nickten sie sich zu. Deswegen war sie überrascht und etwas beunruhigt, als sie an jenem Morgen bemerkte, dass Jennings nicht an seinem üblichen Platz saß. Da sie nicht in Eile war, betrat Miss Miller den Laden. Über ihr klingelte eine Türglocke. „Einen Moment", ertönte eine Stimme von hinten einem Vorhang. Nicht einmal eine Minute später erschien ein junger Mann Mitte dreißig und richtete sein Jackett.

„Sie sind nicht Mr. Jennings", sagte Miss Miller.

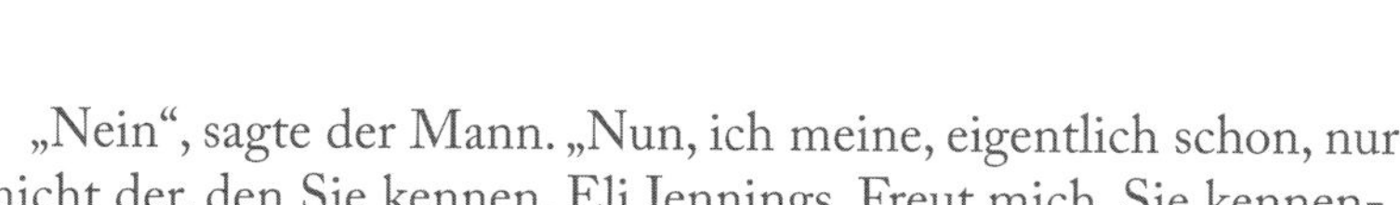

„Nein“, sagte der Mann. „Nun, ich meine, eigentlich schon, nur nicht der, den Sie kennen. Eli Jennings. Freut mich, Sie kennenzulernen.“

„Mary Miller“, sagte Miss Miller, „gleichfalls. Geht es Mr. Jennings gut?“

„Oh ja“, sagte Eli, „Onkel Nick geht es gut. Fit wie ein Turnschuh. Ich vertrete ihn heute Morgen. Er ist los, um Gläser für ein Set Reiseuhren zu kaufen.“

„Ich verstehe“, sagte Miss Miller. „Helfen Sie ihm oft aus?“

„Gelegentlich, aber das macht mir nichts aus. Ich freue mich zu helfen. Dafür ist die Familie doch da, nicht wahr?“

„Ganz genau.“

„Möchten Sie persönlich mit ihm sprechen?“

„Oh nein. Ich war nur um sein Wohlbefinden besorgt. Jeder hier kennt ihn, wenn Sie verstehen, was ich meine.“

Eli lächelte. „Allerdings. Nun, da Sie schon einmal hier sind, Onkel Nick hat gerad etwas sehr Kostbares im Bestand. Eine Vintage-Tischuhr mit einem exquisiter Perlmuttgehäuse. So eine vornehme Dame wie Sie wird sie sehr entzückend finden, denke ich.“

Miss Miller spürte, wie sich eine Augenbraue heben wollte, versuchte es zu unterdrücken. „Nun, ich kann ja zumindest mal einen Blick drauf werfen.“

Eli führte Sie an einen Tisch am Ende des Tresens. Darauf standen mehrere Uhren, darunter auch das besagte Stück. Es war wirklich ein wunderschönes Schmuckstück. Das

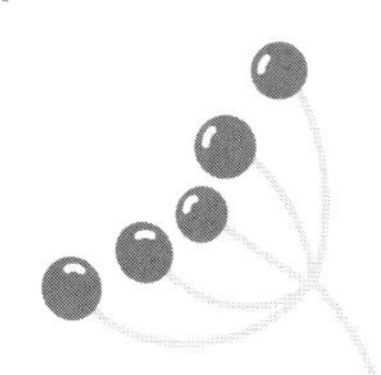

elegante Gehäuse, das reizvoll schimmerte, war tatsächlich ein Blickfang. Die Zeiger schienen aus Gold, doch deren Enden aus Gagat oder Basalt zu sein, damit sie sich deutlich vom Glas und Zifferblatt abhoben. Der Rest des Gehäuses bestand aus einer Mischung aus Gold und Kristall, das den Blick auf das Innenleben der Uhr freigab.

„Es ist ganz sicher ein hübsches Stück", sagte sie ihm, „aber ich bin mir nicht sicher, ob ich –"

Er nannte einen Preis, der höchstens fünfzig Prozent des reellen Wertes der Uhr entsprach. „Sie würden Onkel Nick einen Gefallen tun", sagte er. „Die Einnahme wäre sehr hilfreich heute Morgen."

„Ich befürchte, das geht nicht", antwortete Miss Miller. „Ich muss jetzt zu meinem Mittagessen."

„Natürlich", sagte Eli enttäuscht. „Es war mir eine Ehre. Ich werde Onkel Nick von Ihrem Besuch berichten, sobald er zurück ist."

„Danke", antwortete sie.

Sobald sie draußen war, schaute Miss Miller sich auf der Straße um. Als sie einen Polizisten weggehen sah, hastete sie zu ihm herüber und rief nach ihm, als sie sich näherte.

„Polizei, Polizei! Ich befürchte, bei Jennings Uhrmacher geht gerade etwas Schreckliches vor sich. Bitte beeilen Sie sich!"

Warum macht sich Miss Miller Sorgen?

TIPP:
NEFFE

Rätsellösung auf Seite 146

DIE KETTE

Es war nach 21 Uhr, als Inspektor Parnacki beim Haus von Jackson und Isabella Stone ankam. Einige Stunden zuvor hatte es endlich aufgehört zu schneien, sodass die Fahrt in Ordnung war. Am Ende der Auffahrt wurde er von einem fröstelnden Polizisten empfangen. Parnacki zeigte ihm seine Dienstmarke und fragte nach einem Bericht.

Der Beamte fasste zusammen: „Vor einer Stunde wurde aus dem Haus eine extrem wertvolle Diamantenkette, die Isabella Stone gehörte, gestohlen, Sir. Mr. und Mrs. Stone haben heute Abend gute Freunde zu Besuch, ein Ehepaar namens John und Kathleen Acosta. Ihrem Bericht zufolge, hat keiner der vier etwas ungewöhnliches beobachtet, bis Mr. Stone die Leiter an der Seitenwand entdeckte, die unter dem Schlafzimmerfenster platziert worden ist. Die Gruppe durchsuchte das Haus und fand heraus, dass die Kette gestohlen wurde. Ich habe mich selbst vergewissert, dass der Eindringling nicht mehr am Tatort ist. Er muss hinein und hinausgeklettert sein, bevor irgendjemand Notiz nehmen konnte. Alles war noch in Ordnung, als die Acostas um 17 Uhr 30 ankamen, aber der Diebstahl konnte sich ab dann bis um 20 Uhr 30, als er entdeckt wurde, ereignet haben.“

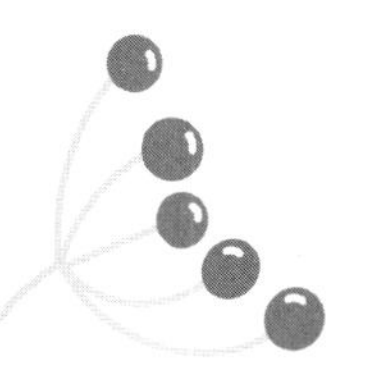

Parnacki dankte dem Beamten und wollte, dass er ihm die Leiter zeigte. Dieser führte ihn von vorne an die Seite des Hauses. Im Schnee waren unzählige Fußabdrücke, ums Haus herum und zum und vom Schuppen im Garten. Die Leiter war ordentlich an die Hauswand an das offene Fenster platziert worden. Flatterte dort oben etwas? Parnacki hielt sich an der Leiter fest und schaute mit zusammen gekniffenen Augen hoch zum Fenster. Er zuckte leicht, als die Leiter in den Schnee absackte.

„Die wurde aus dem Schuppen geholt?"

Der Beamte nickte. „Jackson Stone hat sie als seine identifiziert."

„Ich sollte mich mit den Stones und Acostas unterhalten", erklärte Parnacki.

Also gingen die beiden Männer ins Haus ins Wohnzimmer, wo sich die vier Freunde versammelt hatten. Es war ein schöner Raum, adrett eingerichtet und sauber, eher gemütlich als luxuriös.

Nach der Vorstellungsrunde fragte er die vier jeweils nach ihrer eigenen Darstellung von den Ereignissen des Abends.

„Wir haben nichts mitbekommen", sagte Isabella Stone aus, „zumindest nicht, bis alles vorbei war."

„Ja", bestätigte Jackson Stone, „ich ging kurz vor 20 Uhr 30 ins Badezimmer und sah von dort, dass die Leiter an der Mauer lehnte. Ich konnte mir keinen Reim darauf machen, also bin ich, nachdem ich fertig war, kurz hinausgegangen, um nachzusehen, und da stand sie, aus dem Schuppen geholt und direkt unter das Schlafzimmerfenster gestellt. Also ging ich wieder herein und schlug Alarm."

John Acosta nickte zustimmend. „Jack kam ins Zimmer gestürzt. Er sah äußerst aufgebracht aus und sagte zu uns, dass ein Einbrecher im Haus sein könnte. Er und ich sahen sofort nach, um sicherzugehen, dass wir sicher waren, während die

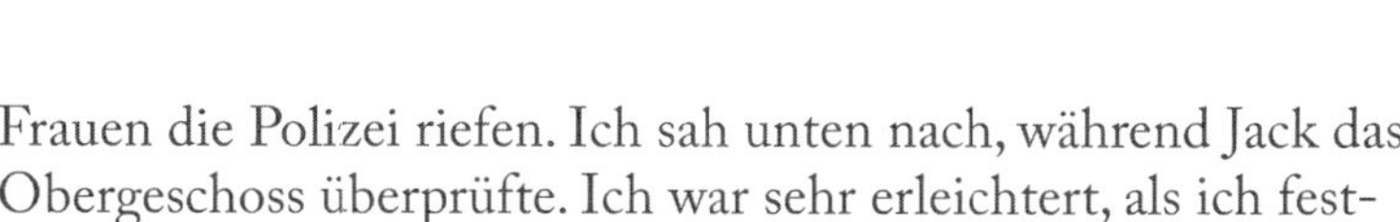

Frauen die Polizei riefen. Ich sah unten nach, während Jack das Obergeschoss überprüfte. Ich war sehr erleichtert, als ich feststellte, dass keine Messer aus der Küche fehlten."

„Da entdeckte ich, dass Isabellas Kette nicht mehr da war, genauso wie der Dieb", erzählte Jackson.

„Wir haben überall nachgesehen, drinnen und draußen", sagte Kathleen Acosta. „Keine Spur, weder von der Kette noch von dem Dieb. Es ist sehr beängstigend."

Inspektor Parnacki nickte nachdenklich. „Und ich nehme an, dass Sie vier den ganzen Abend zusammen waren?"

„Natürlich", antwortete Isabella, „manchmal zu zweit. Kathy und ich sind mehrmals in die Küche gegangen."

„Ich verstehe", erwiderte Parnacki. „Ich sollte Sie daran erinnern, Mr. Stone, dass auf Versicherungsbetrug eine bedeutsame Gefängnisstrafe steht. Ich bin mir sicher, dass die Kette gut versteckt an einem sicheren Ort gefunden wird."

Stone wurde blass und die anderen schnappten nach Luft.

„Guten Abend", verabschiedete sich Parnacki und schlenderte nach draußen.

Warum denkt Parnacki, dass Jackson Stone der Dieb ist?

TIPP:
LEITER

Rätsellösung auf Seite 146

UNTER VERDACHT

Miss Miller lächelte. „Wie schön, Sie wieder zu sehen, Mr. Hendricks. Was führt Sie zu mir?“

Clayton Hendricks strich sich nervös den Bart glatt. „Nach der schrecklichen Mattingley-Geschichte … Ich stecke in Schwierigkeiten, Miss Miller, und ich hatte gehofft, Sie könnten mir vielleicht helfen. Ich habe nichts getan, das schwöre ich.“

„Ich helfe Ihnen gerne, wenn ich kann. Setzen Sie sich doch. Möchten Sie einen Tee? Kusch, Aubrey!“ Sie scheuchte die Katze vom Stuhl und klingelte nach dem Dienstmädchen, das eine Kanne Tee bringen sollte.

„Erzählen Sie mir doch erst einmal, was für ein Problem Sie haben.“

„Danke“, sagte Hendricks dankbar. „Hatte ich erwähnt, dass ich Holzhändler bin?“

„Ja, in der Augustausgabe der Ornithologenverbandszeitschrift vor vier Jahren.“

Hendricks blinzelte. „Ah, gut. Also, ich lieferte das Holz für ein Bauprojekt nicht weit von der Stadt entfernt. Das Lawrence-Projekt.“

Miss Miller nickte.

„Vor zwei Tagen war ich dort, um die nächste Lieferung mit dem Bauleiter zu besprechen. Sie warten schon seit über einer Woche auf Material und es sieht so aus, als wird es noch länger dauern. Als ich ankam, waren sie gerade dabei, Schutzplanen über das Gerüst zu legen, da für heute Abend ein Sturm vorhergesagt wird. Ich kann ihnen zwar mit bestimmten Materialien helfen, doch sie brauchen mehr als nur Holz. Mehrere Zulieferer sind abgesprungen, deswegen stecken sie jetzt in der Klemme. Doch

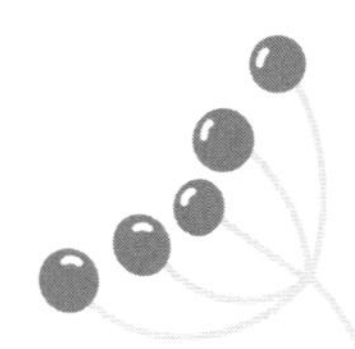

während ich dort war, hat jemand die gesamten Pläne aus dem Büro gestohlen. Der leitende Architekt ist außer sich vor Wut, wie Sie sich vorstellen können. Ein Zeuge beschuldigt mich als den Dieb, und auch wenn sie keine Strafanzeige erstatten, drohen sie, mich finanziell zu ruinieren. Ich habe noch nie im Leben irgendetwas gestohlen. Aber es steht Aussage gegen Aussage. Ich weiß nicht, was ich tun soll. Können Sie mir einen Rat geben?"

„Hm, das klingt in der Tat furchtbar. Können Sie mir genau erklären, was passiert ist?"

Laut Clayton war das Bauprojekt noch nicht sehr weit fortgeschritten. Das Fundament war gelegt worden und das Holzgerüst stand, aber nicht mehr. „Bis jetzt handelt es sich nur um das Hausgerüst", sagte er.

Er hatte auf der Baustelle neben dem Lager geparkt und verbrachte ein paar Minuten mit dem Entladen der Lieferung. Dann hatte er ein Meeting mit dem Bauleiter, den er schließlich im Pausenraum der Bauarbeiter angetroffen hatte.

„War er allein dort?", fragte Miss Miller.

„Gott, nein", sagte Clayton. „Es müssen ungefähr zwölf Bauarbeiter da gewesen sein. Es war zu voll, um über das Geschäftliche zu sprechen. Wir gingen hinaus, in Richtung eines seitlichen Büros, das auf der gegenüberliegenden Seite des Gerüsts lag. Sie haben dort ganz hübsche Eichelhäher, frech wie Oskar. Ich ging ins Büro, wo wir einen neuen Lieferungsvertrag ausarbeiteten. Dann gingen wir wieder. Der Bauleiter machte sich wieder an die Arbeit und ich ging nach Hause."

„Hm", meinte Miss Miller, „und ich nehme an, jemand behauptet etwas anderes?"

„Einer der Bauarbeiter. Er sagt, er sei gerade auf den Weg in den Pausenraum gewesen, als er sah, wie der Bauleiter und ich aus dem Seitenbüro kamen. Als der Bauleiter außer Sicht war, ging ich angeblich kurz zurück ins Büro und kam wieder heraus, während ich mir etwas unter das Hemd schob. Also sah er nach, entdeckte, dass die Pläne fehlten und alarmierte den Bauleiter."

Plötzlich lächelte Miss Miller: „Das ist ganz wunderbar."

Clayton sah sie verunsichert an: „Aha, und warum?"

„Wir können sofort zum Bauleiter gehen und Sie entlasten. Ich nehme an, er wird die Polizei rufen wollen."

Was hat Miss Miller entdeckt?

TIPP:
LINIE

➲ Rätsellösung auf Seite 147

10

DAS SCHMUCKGESCHÄFT

Auf dem abblätterndem Schild über dem Schmuckgeschäft stand „Baldwin & Sons“ und wenn man ihm Glauben schenken konnte, bestand der Laden bereits seit über dreißig Jahren. Das Schaufenster sah in Ordnung aus, wenn auch leer, doch hing die offene Tür in einem seltsamen Winkel in den Angeln. Davor wartete ein gelangweilter Polizeibeamter. Als Inspektor Parnacki eintraf, stand dieser stramm und salutierte.

„Guten Morgen, Sir“, sagte er.

Parnacki nickte höflich. „Ist irgendjemand in den Laden gegangen oder herauskommen?“

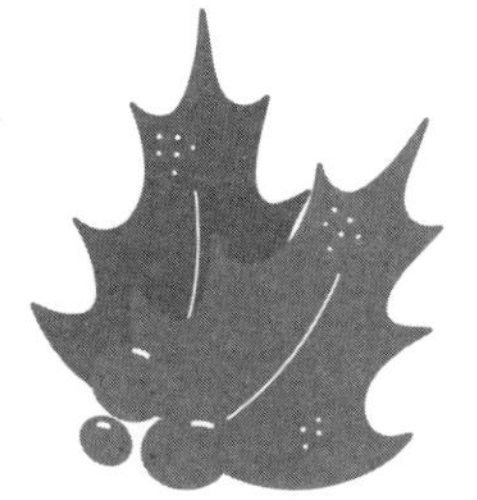

„Nicht seitdem ich hier bin, Sir."

„Gute Arbeit."

Im Inneren des Geschäfts sah es schon eher nach einem Raubüberfall aus. Schränke wurden gewaltsam geöffnet, leere Schmuckauslagen verteilten sich auf dem Boden und dem Glastresen. Falls es noch ein einziges wertvolles Schmuckstück in dem Geschäft gab, lag es irgendwo gut versteckt. Inmitten dieses Chaos stand ein großer, unglücklich aussehender Mann. Er war gut gekleidet, jedoch sichtlich aufgewühlt und hatte an der Schläfe einen bösen Bluterguss. Parnacki schritt direkt auf ihn zu.

„Mr. Henry Baldwin?", fragte der Inspektor.

Der Mann nickte.

„Ich bin Inspektor Parnacki."

„Paddington Parnacki?", fragte Baldwin überrascht.

„So werde ich in den Zeitungen genannt", seufzte der Inspektor.

„Entschuldigung, Inspektor. Ihr Ruf eilt Ihnen voraus."

„Kein Problem. Können Sie mir bitte in Ihren eigenen Worten erzählen, was passiert ist?"

Baldwin nickte. „Ich schloss das Geschäft gestern Abend. Manchmal hilft mir einer meiner Angestellten dabei, aber gestern konnten es die beiden kaum abwarten, pünktlich Feierabend zu machen. Sie heißen Alec Cardue und Scott Benedict. Ich habe ihre Adressen."

„Erzählen Sie mir bitte zuerst, was gestern Abend passiert ist", sagte Parnacki.

„Entschuldigung, ich bin immer noch etwas durcheinander. Ich hatte gerade alle Vitrinen mit dem wertvollen Schmuck abgeschlossen –", er zeigte auf die aufgebrochenen Schränke, „die Lichter ausgeschaltet und die Tür geöffnet, um das Gitter vor dem Geschäft herunterzulassen. Da stürzte eine dunkel gekleidete Person mit einem großen Hut durch die Tür direkt auf mich zu. Ich taumelte zurück und dann schlug er mich mit einer Art

Knüppel auf den Schädel. Ich konnte ihn nicht richtig erkennen, denn es war schon dunkel. Jedenfalls fiel ich hin und schlug mit dem Hinterkopf auf den Boden.

Ich war ziemlich benebelt, doch habe ich von den Geräuschen so vage mitbekommen, dass die Schränke aufgebrochen wurden. Erst später realisierte ich, dass er auch die Schmuckauslagen nahm und den Inhalt in einen seidenen Sack kippte. Alles schien so surreal. Ich muss wohl irgendwann ohnmächtig geworden sein. Als ich wieder zu mir kam, war es bereits hell. Ich erinnerte mich an den Überfall, entdeckte, dass alles ausgeräumt war, und rief die Polizei an. Das war vor eineinhalb Stunden."

Parnacki nickte. „Sie erwähnten Ihre Angestellten?"

„Es muss einer von ihnen gewesen sein, wissen Sie? Ich habe vor drei Tagen neue Ware bekommen, nun ja, und da muss man schon die genauen Abläufe kennen, um den richtigen Zeitpunkt für so einen Einbruch zu wählen. So etwas kann ich mir von keinem der beiden vorstellen, aber sie haben beide die richtige Statur. Außerdem hat Alec eine neue Freundin und Scott spielt gerne Karten."

„Machen Sie sich keine Gedanken, Mr. Baldwin. Ich weiß schon, wer der Täter ist."

„Das wissen Sie schon?"

Parnacki nickte stumm.

Wer ist der Dieb? Woher weiß Parnacki das?

TIPP:
ZEUGENAUSSAGE

Rätsellösung auf Seite 147

11

DER VINSON-SKANDAL

Jeder, der die Klatschkolumnen auch nur flüchtig überflog, kannte den Namen Annis Vinson. Im letzten Jahrhundert hatte Senior Meyer Vinson ein Vermögen mit Kupfer verdient und mehr als ein Viertel der Stadt stand auf seinem Land. Seine Kinder und Enkelkinder waren in der gemütlichen Umgebung des bürgerlichen Patriziats aufgewachsen, und das Vermögen sowie der Status der Familie waren mit der Zeit nur weiter gewachsen. Die neue Generation der Vinsons schien scharf darauf, beides zu dezimieren, doch das Alter würde ihnen schon früh genug den nötigen Verstand und Respekt einflößen. Doch aktuell waren Annis, ihre Geschwister sowie Cousins und Cousinen immer eine verlässliche Quelle für lange Klatschkolumnen. Das Neueste heute war, dass jemand in ihr Apartment eingebrochen war und eine Kette, Ringe und ein skandalöses Set Spitzenunterwäsche gestohlen hatte.

Als ein Zeuge bei der *Sentinel* anrief und sagte, er habe den Räuber gesehen und sei gewillt seine Story zu verkaufen, ging unglücklicherweise Josh ans Telefon. Der Gesellschaftsjournalist Philip Carter interviewte gerade irgendjemand Nervtötenden zu nichts, das von Bedeutung wäre, wie immer in einem feinen Etablissement. Der Herausgeber der Zeitung bestand darauf, dass Josh sofort zu dem Zeugen fuhr und mit ihm sprach – und wenn möglich einen Deal abschloss. „Er kennt deine Stimme, Junge", sagte Marley. „Du gehst dahin. Jetzt."

Deswegen befand sich Josh als einziger Gast in einem erschreckend teuren kleinen Café namens *Le Cochonnet*, wo der Zeuge arbeitete. Nachdem er die Karte seufzend studiert hatte, bestellte er den einfachsten Kaffee, den es gab und etwas, das aus-

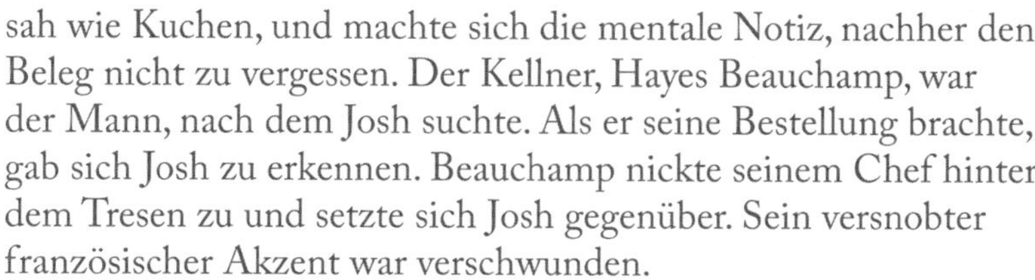

sah wie Kuchen, und machte sich die mentale Notiz, nachher den Beleg nicht zu vergessen. Der Kellner, Hayes Beauchamp, war der Mann, nach dem Josh suchte. Als er seine Bestellung brachte, gab sich Josh zu erkennen. Beauchamp nickte seinem Chef hinter dem Tresen zu und setzte sich Josh gegenüber. Sein versnobter französischer Akzent war verschwunden.

„Freut mich Sie kennenzulernen, Mr. Cole."

„Ja, ich mich auch", meinte Josh. „Sie haben gestern etwas gesehen?"

Beauchamp nickte. „Die Informationen sind heiß. Also, wie läuft das Ganze hier?"

Josh seufzte. „Wir unterschreiben einen Geheimhaltungsvertrag, in dem Sie zustimmen, mir zu erzählen, was Sie wissen und uns die Exklusivrechte geben, die Story zu veröffentlichen, wenn wir wollen, und wir stimmen zu, kein Wort zu sagen, bis wir Sie

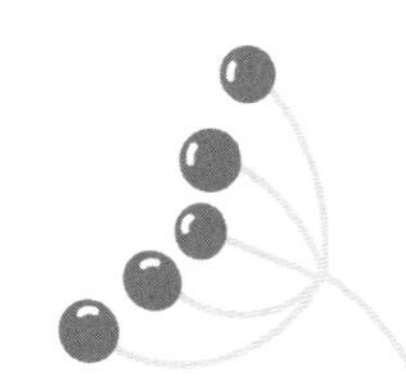

bezahlt haben.“ Er nannte eine Summe, die halb so groß war, wie die Summe, die Marley ihm zum Verhandeln gestattet hatte. „Dann sagen Sie mir, was Sie haben. Wenn wir beide glücklich damit sind, unterschreiben wir den Vertrag, sodass wir die vollen Rechte kriegen, Sie versprechen, niemand anderem etwas zu erzählen und werden bezahlt. Ist das fair?“

„Ja, gut.“

Josh zog den Geheimhaltungsvertrag hervor, den beide unterschrieben.

Beauchamp grinste übers ganze Gesicht. „Sie werden es lieben. Also, ich war den ganzen gestrigen Tag hier. Wir sind ein gehobenes Bistro, also ist nie viel los. Ich blicke ganz normal auf die Straße und sehe plötzlich einen Polizisten zu Miss Vinsons Haustür schleichen. Die meisten Polizisten gehen zielgerichtet, wissen Sie? Aber dieser sah… verstohlen aus. Ja, das ist das richtige Wort. Er trug die Mütze tief ins Gesicht gezogen, eine dunkle Sonnenbrille und Handschuhe. Ich habe mir nichts dabei gedacht. Es ist nicht gerade warm draußen. Doch dann zieht er etwas aus der Tasche und spielt damit an dem Türschloss herum – einen Augenblick später ist er drin und schließt die Tür hinter sich! Jetzt bin ich natürlich richtig neugierig, also beobachte ich das Haus. Fünf Minuten später ist er wieder da, sieht genauso aus, wie vorher, nur mit einer wulstigen Tasche in der Hand. Er streckt den Kopf aus der Tür, gleitet heraus und schließt sie. Dann geht er fröhlich pfeifend seiner Wege.“

„Das ist allerhand“, bemerkte Josh. „Werden Sie bei der Geschichte bleiben? Konnten Sie ihn gut genug erkennen, um ihn zu beschreiben?“

„Natürlich werde ich das“, bestätigte Beauchamp. „Aber ich will nicht, dass mein Name in der Zeitung erscheint. Lou lässt mich mit Ihnen sprechen, aber er will nicht, dass der Laden erwähnt wird."

„Das kriegen wir hin", besänftigte Josh.

„Sehr gut. Der Kerl war ungefähr 1,85 Meter groß, hatte eine breite Nase, braune Augen, einen quadratischen Kiefer mit einem breiten Mund und sah irgendwie bullenartig, aber nicht fleischig aus. Als würde er wissen, wie man einen Kampf gewinnt. Ich kann mit einem Polizei-Zeichner arbeiten, wenn Sie einen haben."

Josh beende seine Notizen. „Gut. Lassen Sie mich mit meinem Chef sprechen, ich bin in zwei Minuten wieder da." Er verließ das Café und lief zur Telefonzelle an der Ecke. Sein Herausgeber nahm direkt ab. „Hey, Chef. Ich habe gerade mit dem Vinson-Zeugen gesprochen und ich glaube ihm kein Wort. Soll ich die Story kaufen?"

Warum glaubt Josh dem Zeugen nicht?

TIPP:
BEOBACHTUNGEN

Rätsellösung auf Seite 147

DER STOFFHÄNDLER

Isaiah Rule hatte seinen Angreifer nicht gesehen. Er war gerade dabei gewesen, den Bestand in seinem Lager zu zählen, als er Schritte hörte. Das Nächste, an das er sich erinnerte, war, dass er mehrere Stunden später im Krankenhaus aufgewacht war. Obwohl er den Angreifer nicht identifizieren konnte, schaffte Inspektor Parnacki es mit seiner Hilfe vier Hauptverdächtige in seinem Umkreis zu bestimmen. Die Herrschaften warteten jetzt auf ihre Verhöre.

Parnacki hatte sich gerade ins Verhörzimmer gesetzt, da kam sein Assistent mit einer Tasse Kaffee herein.

„Danke, John", sagte Parnacki.

„Haben Sie von der Explosion der Hauptgasleitung auf der Randall Street gestern Nachmittag gehört, Sir?"

„Nein. Gab es Verletzte?"

„Ein paar. Keine ernsthaften Verletzungen. Sie sorgte aber für ein Verkehrschaos im westlichen Teil der Stadt."

Parnacki runzelte die Stirn. „Danke. Noch etwas?"

„Hm. Zunehmende Gewalt in Russland, eine Tänzerin hat sich mit einem wichtigen Politiker eingelassen, Petty konnte wegen der Grippe nicht spielen und Krankenschwestern drohen wegen schlechter Behandlung zu streiken. Oh, und es ist für die Jahreszeit ungewöhnliches Wetter vorausgesagt am Dienstag." Als er den Gesichtsausdruck des Inspektors bemerkte, hielt er inne. „Ah, nein. Ich bringe Ihnen den ersten Verdächtigen, okay?"

Inspektor Parnacki nickte dankbar. John wurde blass und hastete los, um den Mann zu holen.

Sherman Clinton war einer von Rules Zulieferern. Unter einem Berg von Haaren konnte man einen muskulösen Mann im

Anzug entdecken. „Ja, ich mache Geschäfte mit Isaiah. Ich habe Lieferanten im Osten – überwiegend in China – und die liefern mir die verschiedensten Stoffe. Viel Seide. Seide ist zurzeit sehr beliebt."

„Auch sehr wertvoll", bemerkte Inspektor Parnacki. „Ich nehme an, Ihre Waren sind legal und Sie bezahlen die Zölle?"

Clinton öffnete seine Hände und grinste. „Sie können gerne einmal einen Blick in meine Bücher werfen, Inspektor. Da sind alle wichtigen Dokumente drin."

„Ganz recht", sagte Parnacki. „Haben Sie Isaiah Rule gestern Nachmittag gesehen?"

„Nein, natürlich nicht. Ich arbeite samstags nicht. Ich habe mich um meine Nichte Adelina gekümmert, von 10 bis 18 Uhr. Meine Schwester und ihr Ehemann brauchen manchmal eine Auszeit und dann springe ich gerne ein. Die Familie ist doch das Wichtigste, nicht wahr?"

„Sicherlich. Vielen Dank für Ihre Zeit."

Der nächste war Finley Koontz, ein Stammkunde in einem Café in der Nähe von Rules Warenlager. Er war in den letzten ein, zwei Jahren in mehrere Bagatelldelikte verstrickt gewesen, aber hatte noch nichts getan,

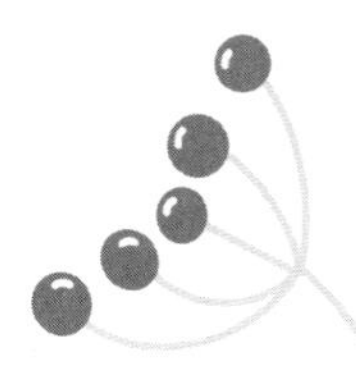

für das er polizeilich verfolgt werden konnte. Er sah genauso zwielichtig aus, wie seine Vergangenheit vermuten ließ.

„Ja, ich kenne den Kerl, den Sie meinen. Handelt mit Stoffen. Und? Ich bin kein Schneider." Koontz lachte spöttisch. „Nein, ich war nie da drinnen. Warum sollte ich?"

„Wo waren Sie gestern Nachmittag, Mr. Koontz?"

„Wo wohl? Bei dem großen Spiel, zusammen mit allen anderen wichtigen Leuten der Stadt."

„Ich hatte nicht das Vergnügen. Die Arbeit macht keine Pause."

„Ah, da haben Sie was verpasst. Wir haben die fertig gemacht. Ich dachte, Parrott wär der Star, aber der ist nicht mal gekommen. Wilkins loste mega ab. Aber Carter und Petty wuppten das Ding. Es war spektakulär. Die sind einfach alle umgefallen. Ich wette, die im Norden brodeln vor Wut."

Parnacki seufzte. „Danke, Mr. Koontz."

Carter Spurling war ein ehemaliger Mitarbeiter von Rule. Die beiden waren ein paar Monate zuvor im Streit auseinander gegangen.

„Rule war ein verdammter Idiot", behauptete Spurling. „Ich habe fünf Jahre hart für ihn gearbeitet. Natürlich habe ich nie sein Bargeld gestohlen. Aber er war überzeugt, dass ich es war. Ehe ich mich versah, war ich rausgeflogen."

„Dumm gelaufen", meinte Inspektor Parnacki.

„Ich war fuchsteufelswild." Spurling hielt inne. „Das heißt aber nicht, dass ich ihn ausgeraubt habe. Ich habe weder sein Bargeld gestohlen, noch den Bestand ausgeräumt. So etwas mache ich nicht."

„Wo waren Sie gestern Nachmittag, Mr. Spurling?"

„Zusammen mit meinem Mädchen, Cee. Wir steckten den ganzen Tag in einem Bus im Stau. Als wir endlich ins Zentrum kamen, waren ihre Freunde schon weg. Sie wird Ihnen alles erzählen. Zumindest hat sie mir den ganzen verdammten Abend

davon erzählt, obwohl ich dabei war. Es ist nicht meine Schuld – und es ist ein Unglück für Rules, aber er hat es verdient."

Tom Clabaugh schließlich war ein Kleinkrimineller, der schon mehrmals wegen Körperverletzung und Diebstahl verurteilt wurde. In den letzten zehn Jahren, hatte er eine Reihe von Leuten in Warenlagern in der Umgebung bewusstlos zurückgelassen, öfter als die Polizei ihm nachweisen konnte. Er war stämmig, unter vierzig mit einem mürrischen Gesichtsausdruck.

„Ich kenne den Kerl nicht, über den Sie sprechen. Ich kenne das Lager nicht. Vielleicht bin ich mal dran vorbeigelaufen oder auch nicht, aber ich war nie drin. Gestern war ich den ganzen Tag unten am Fluss fischen. Von Sonnenaufgang bis Untergang. Hab mehrere fette Forellen gefangen. Fragen Sie die anderen Jungs da, die können Ihnen das bestätigen. Nein, ich kenne ihre Namen nicht. Ich war zum Fischen da, nicht, um Freunde zu finden."

Parnacki dankte dem Mann und entschuldigte sich. Draußen vor dem Verhörzimmer rief er nach seinem Assistenten. „Bitte bereite den Papierkram für eine Verhaftung vor", sagte er.

Wen verdächtigt Parnacki und warum?

TIPP:
GESTERN

Rätsellösung auf Seite 148

13

STANLEYS ENTKOMMEN

Annabel Voss stand noch immer unter Schock. Als ihr Butler, Henderson, Miss Miller in den Salon führte, stand sie auf, lächelte, bat sie herein und nannte Henderson beim Namen seines Vorgängers, worauf sie in Tränen ausbrach.

Miss Miller tröstete ihre Freundin, während Henderson sich um eine neue Kanne Tee kümmerte.

„Es ist unvorstellbar", offenbarte Annabel. „Dass eine verrückte Bestie sich ins Haus schleicht und versucht Stanley zu entführen! Das ergibt … So etwas passiert… I …" Sie verstummte und fing an zu wimmern.

„Wie geht's ihm?"

„Ihm geht's natürlich gut. Du weißt wie Siebenjährige sind. Alles prallt einfach von ihnen ab. Ich bin diejenige, die die Nerven verliert. Jettie und Selma haben ihn gerettet."

„Was genau ist denn passiert, Annabel?"

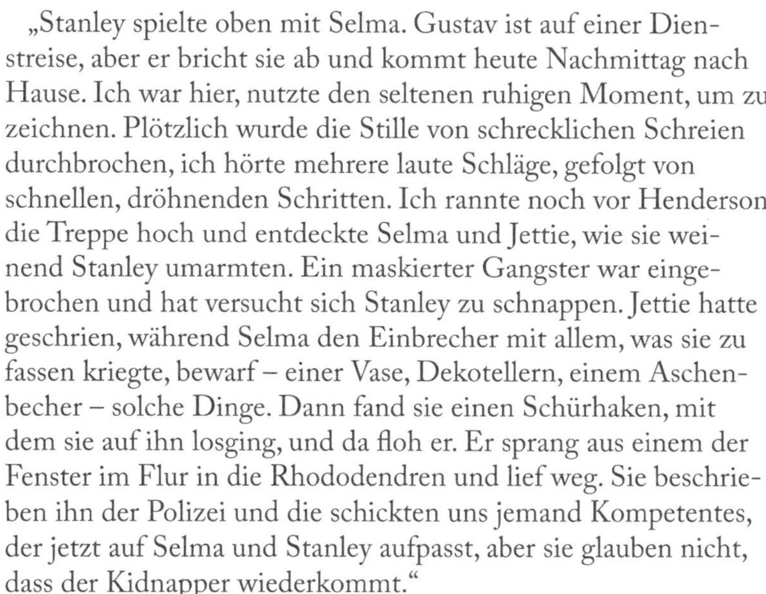

„Stanley spielte oben mit Selma. Gustav ist auf einer Dienstreise, aber er bricht sie ab und kommt heute Nachmittag nach Hause. Ich war hier, nutzte den seltenen ruhigen Moment, um zu zeichnen. Plötzlich wurde die Stille von schrecklichen Schreien durchbrochen, ich hörte mehrere laute Schläge, gefolgt von schnellen, dröhnenden Schritten. Ich rannte noch vor Henderson die Treppe hoch und entdeckte Selma und Jettie, wie sie weinend Stanley umarmten. Ein maskierter Gangster war eingebrochen und hat versucht sich Stanley zu schnappen. Jettie hatte geschrien, während Selma den Einbrecher mit allem, was sie zu fassen kriegte, bewarf – einer Vase, Dekotellern, einem Aschenbecher – solche Dinge. Dann fand sie einen Schürhaken, mit dem sie auf ihn losging, und da floh er. Er sprang aus einem der Fenster im Flur in die Rhododendren und lief weg. Sie beschrieben ihn der Polizei und die schickten uns jemand Kompetentes, der jetzt auf Selma und Stanley aufpasst, aber sie glauben nicht, dass der Kidnapper wiederkommt."

„Schrecklich", bekräftigte Miss Miller. Der Tee wurde gebracht und sie nahm einen großen Schluck. „Wie ist der Kerl ins Haus gekommen? Ich vermute, er ist nicht einfach durch die Tür hereinspaziert."

„Nun, ganz recht. Die Polizei fand keine Einbruchsspuren. Henderson hätte ihm die Tür öffnen müssen und ich hätte die Klingel gehört. Es bleiben also nur die Küchentür, die Terrassentür oder die Verandatür. Aber Mrs. James war den ganzen Nachmittag in der Küche und Arlene putzte im Festsaal, zu dem die Terrassentür führte. Die Polizei geht davon aus, dass er durch die Verandatür kam. Vielleicht hat er es irgendwie geschafft, sie zu entriegeln."

Miss Miller runzelte die Stirn. „Vielleicht sollten wir uns das einmal ansehen."

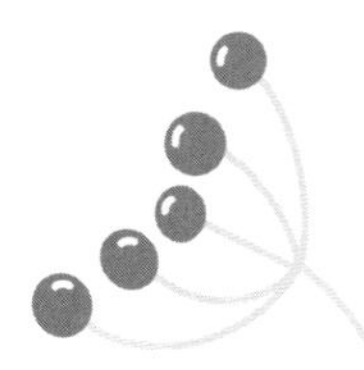

„Wenn du denkst, es hilft", meinte Annabel skeptisch.

Nickend führte Miss Miller ihre Freundin nach draußen. Auf der Terrasse standen keine Möbel und die Steine glitzerten in der Morgensonne. Die großen Falttüren zum Festsaal waren geschlossen. Annabel zog einen kleinen Silberschlüssel heraus und schloss sie auf. Miss Miller schob die eine problemlos auf.

„Ich denke, ich muss mich daran gewöhnen, sie immer zu schließen", sagte Annabel. „Wir werden lieber durch die Terrassentür lüften im Sommer."

„Das ist schade", bemerkte Miss Miller. Die Küchentür war mehr robust und praktisch als ästhetisch. Der obere Teil war von Spinnweben bedeckt. Annabel klopfte und nach einem lauten, kräftigen Drehen eines Schlüssels, zog die Köchin die Tür mit einem Ruck auf, sodass mehrere Spinnen ihr Haus verloren. „Ma'ams?", fragte sie und sah skeptisch von Annabel zu Miss Miller und wieder zurück zu Annabel. Miss Miller lächelte sie an. „Ist diese Tür immer geschlossen, Mrs. James?"

Die Köchin schnaubte. „Natürlich, Ma'am. Ich will nicht, dass sich irgendwelche Gauner in die Speisekammer schleichen und sich mit meinen Kuchen aus dem Staub machen."

Annabel lächelte. „Das ist nur zweimal passiert, wenn ich mich richtig erinnere."

„Ja, das war, bevor ich die Tür abschloss und verriegelte, Ma'am." Ein flüchtiges Lächeln flackerte im grimmigen Gesicht der Köchin auf. „Man muss früher aufstehen, um Celeste James zu hintergehen."

„Entschuldigen Sie die Störung“, bat Miss Miller.
„Ma'am“, sagte die Köchin und nickte majestätisch. Die Tür schloss sich wieder und wurde lautstark verriegelt.

Die Verandatür wurde vom Flur aus geöffnet und führte in den Garten. Sie war fest verschlossen, besaß nur ein Schlüsselloch auf der Außenseite und keinen Griff. Miss Miller sah sich das Metall des Schlüssellochs genau an, konnte aber keine Kratzer oder ähnliches erkennen. Sie trat einen Schritt zurück und sah sich die gesamte Tür an, als Henderson im Inneren vorbei ging. Ein kurzes Klopfen und eine Geste genügten, und er ging den Schlüssel holen, mit dem er kurz darauf wiederkam. Er sperrte die Verandatür auf und drückte beide Türen mit einem scharfen Quietschen des Holzes auf.

„Bitte entschuldigen Sie“, sagte er. „Der Rahmen verzieht sich im Frühling und deswegen quietschen die Türen. Mr. Voss und ich haben darüber gesprochen, die Unterseite etwas abzuschleifen, aber Mr. Voss meint, dass die Zugluft im Winter das größere Übel sei. Ich war so frei und habe eine neue Kanne Tee gekocht.“

Annabel dankte ihm und die Damen gingen zurück ins Haus. Als sie sich wieder auf den Weg in den Salon machten, schaute Miss Miller sich um, um sicherzugehen, dass sie niemand hörte und sagte: „Wir müssen mit der Polizei sprechen, Annabel. Ich denke, der Kidnapper hatte Hilfe von innen.“

Wen verdächtigt Miss Miller und warum?

TIPP:
TÜR

Rätsellösung auf Seite 148

14

DIE GESTOHLENEN SAPHIRE

Walter Stoffle hatte gute Beziehungen. Sobald seine Frau also entdeckte, dass ein extrem wertvoller Saphirring gestohlen worden war, wurde Inspektor Parnacki zum Haus der Stoffles beordert. Ankommen, überraschte es ihn, dass die Party ohne Unterbrechung weiterging.

Mr. Stoffle, ein ernster Mann Mitte fünfzig, öffnete ihm die Tür und führte den Inspektor in einen ruhigen Salon. „Danke, dass Sie so schnell gekommen sind", sagte der Mann. „Das weiß ich sehr zu schätzen. Wir geben dem Personal sonntags frei, weswegen heute nur wir und unsere Gäste im Haus sind. Mir gefällt die Vorstellung nicht, dass einer unser Gäste der Dieb ist, aber ich fürchte, anders kann es nicht sein. Ich habe niemandem von dem Diebstahl erzählt. Meine Hoffnung ist, dass Sie es herausfinden, während wir alle hier sind und niemand die Chance hat, sich mit Faes Ring aus dem Staub zu machen. Er ist natürlich versichert, aber er gehörte ihrer Großmutter."

„Ich werde mein Bestes geben", meinte Parnacki Pfeife paffend.

„Bei Ihrem Ruf, Inspektor, bin ich mir sicher, dass Sie den Diebstahl ganz leicht aufdecken werden."

„Sie sind zu liebenswürdig. Zunächst würde ich gerne wissen, ob es einen Zeitpunkt gab, zu dem einer Ihrer Gäste allein war?"

„Leider ja. Wir verteilten uns alle nach dem Mittagessen für eine halbe Stunde. Mir ging es nicht so gut und ich wollte mich kurz hinlegen. Fae weckte mich und die Party ging weiter, aber ich fürchte, alle anderen hatten die Chance zu tun, was sie wollten. Da entdeckten wir, dass der Ring fehlte und entschlossen uns, niemandem etwas davon zu erzählen. Der Ring lag in einem Kasten auf Faes Schminktisch. Jemand muss sich, während ich

schlief, ins Zimmer geschlichen und ihn genommen haben. Den Rest der Zeit waren wir alle zusammen oder höchstens in Zweier- oder Dreiergruppen."

„Ich verstehe."

Walter Stoffle nickte ernst. „Ich bin mir sehr sicher, dass er noch da war, als ich mich schlafen legte."

„Würden Sie Ihre Gäste zu mir bringen, damit ich mit ihnen unter vier Augen sprechen kann, Mr. Stoffle? Am besten einen nach dem anderen und ohne den Grund zu nennen?"

„Selbstverständlich", erklärte sich Stoffle bereit.

„Lassen Sie uns mit Mrs. Stoffle anfangen", bestimmte Parnacki.

Walter blinzelte und nickte dann widerwillig.

Fae Stoffle war unerwartet gefasst, doch hinter ihrer Fassade blitzte ein Funken Zorn hervor. „Nachdem Walter sich hingelegt hatte, brachte ich die Reste und die Teller zurück in die Küche. Mrs. Benton hatte uns ein kaltes Buffet gebracht. Ich wollte alles

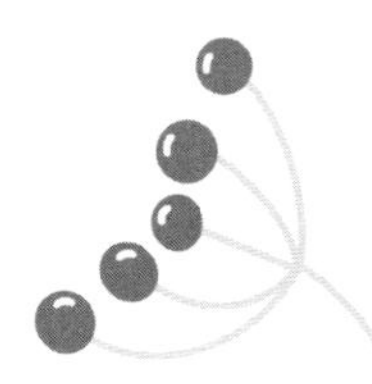

ordentlich wegstellen und das Geschirr abwaschen. Dann setzte ich mich einen Moment hin, setzte Kaffee auf und weckte Walter. Da entdeckte ich, dass der Ring fehlte."

Antoine Blanchard war überdurchschnittlich groß, fast zwei Meter, und dünn wie eine Bohnenstange. Er sprach mit einem leichten französischen Akzent. Wie die anderen Männer, war er Banker in der Stadt. „Nach dem Mittagessen übte ich Billard auf Walters Tisch. Das mache ich immer, wenn sich die Gelegenheit ergibt. Es gibt nur zwei Dinge im Leben, in denen man nie gut genug sein kann: im Billard und im Liebesspiel."

Una Blanchard war die jüngste unter den Partygästen – um mindestens zehn Jahre. Sie war sehr liebenswürdig und errötete stark als der Inspektor sie fragte, wo sie nach dem Mittagessen gewesen war. „Etwas, das ich gegessen habe, vertrug ich anscheinend nicht gut. Ich … ähm … ich war unpässlich."

Joey Whitson ähnelte stark dem Weihnachtsmann, obwohl sein Bart eher grau als weiß und besser gestutzt war. „Während des Mittagessens bemerkte ich draußen den Postboten, der an Walters Pforte anhielt. Deswegen ging ich hin, um zu sehen, ob Walter Post hatte. Doch es lag nichts im Postkasten, also trottete ich wieder zurück ins Haus. Ich bin nicht mehr so schnell auf den Beinen."

Oda Whitson war groß, schlank und elegant-anmutig. „Ich war im Garten hinter dem Haus. Faes Rosen sehen immer exquisit aus und das zu dieser Jahreszeit. Ich fürchte, ich habe zwischen den Rosen nicht auf die Zeit geachtet. Sie musste mich wieder hereinholen, als die Feierlichkeiten mit allen Gästen weitergingen."

Boyce Prowse, ein großer Mann, wirkte aufgewühlt. „Nach dem Essen schaute ich mir Walters Trophäen an", erzählte er. „Er besitzt einen besonders wilden Bären im Wohnzimmer. Walter sagt, er sei stolz auf den Elch, aber ich muss zugeben,

ich verstehe nicht, warum. Das ist ein großes Tier, aber nicht sehr gut ausgestopft, und ein Pflanzenfresser ist nun wirklich nichts Aufregendes. Walter betont jedoch immer wieder, dass der *Elch* ihn fast erledigt hätte."

Deborah Prowse war klein und auffällig gelassener als ihr überschwänglicher Ehemann. „Ich habe hier drinnen gelesen", gab sie an, und deutete auf ein Buch, das auf einem kleinen Tischchen lag. „Den Stoker Roman, der vor ein paar Jahren so erfolgreich war. Ich hatte ihn noch nicht gelesen. Er ist sehr fesselnd. Ich hoffte, Fae würde ihn mir ausleihen, aber ich fand es frech, jetzt danach zu fragen."

Nachdem die Verhöre vorbei waren, kam Mr. Stoffle wieder zu Inspektor Parnacki. „Was wollen Sie jetzt unternehmen?", fragte er. „Kann ich Ihnen helfen?"

„Ja", sagte Parnacki, „ich würde eine bestimmte Person gerne noch einmal ausgiebiger befragen."

Wen verdächtigt Parnacki

TIPP:
WOCHENENDE

➲ Rätsellösung auf Seite 148

DAS EINZELSTÜCK

Matthew Arrowood besaß einen Doktortitel in Chemie und Biologie. Er war Miss Millers ehemaliger Professor, hatte das Lehren aber schon lange aufgegeben. Doch er blieb ein aktiver Amateurwissenschaftler und half ihr von zu Zeit bei der Analyse von exotischen Substanzen oder Überresten. Er war von Natur aus ruhig und fleißig, weswegen sie sehr überrascht war, ihn eines Dienstagmorgens verärgert in seinem Garten vor zu finden. Gedankenverloren lächelte er sie an, als er sie erblickte. „Hallo, Mary. Verzeihen Sie mir, wenn ich heute etwas neben mir stehe."

„Ist alles in Ordnung?", fragte sie.

„Es scheint als habe ich eine sehr wichtige Leiche verlegt."

„Wie bitte?"

Er seufzte. „Eine Wandertaube, um genau zu sagen. Sehr gut instand gehalten von einem kompetenten Tierpräparator vor nicht länger als fünfzehn Jahren."

„Ich habe seit über zwanzig Jahren keine Schar Wandertauben mehr gesehen", stellte Miss Miller fest. „Das ist mal ein toller Erwerb."

Matthew nickte. „Allerdings. Ich kaufte dieses Exemplar auf einer Erstpreisauktion von ornithologischen Präparaten letzte Woche – für eine ziemlich hohe Summe noch dazu –, und nahm die Lieferung gestern entgegen.

Gestern Abend als ich noch vor zehn ins Bett ging, war sie noch da. Dass sie weg ist, habe ich erst vor ein paar Minuten entdeckt. Ich sehe mich gerade im Garten um, vielleicht hat sie ja jemand aus Scherz hier hingeworfen."

„Ich bezweifle, dass irgendjemand mitten in den der Nacht in Ihr Haus einbricht und seine Beute im Garten liegen lässt."

„Nun, wahrscheinlich nicht. Und sie liegt hier auch nirgendwo. Aber eine schwache Hoffnung hatte ich. Ich sollte wahrscheinlich die Polizei anrufen."

„Fehlt noch etwas?"

„Nein, nicht das ich wüsste."

Miss Miller nickte. „Wer wusste, dass die Taube in Ihrem Besitz war?"

Er hielt nachdenklich inne. „Das Auktionshaus. Aber ich kann mir nicht vorstellen, dass ein Kerl vom Auktionshaus den Vogel klaut, wenn es in meinem Haus viel wertvollere Schätze zum Verkaufen gibt."

„Ich verstehe, was Sie meinen", pflichtete sie ihm bei. „Aber vielleicht sollte ich mal bei Ailey's vorbeischauen und ein Wörtchen mit dem Paketboten sprechen. Zumindest kann er uns Informationen liefern, mit denen wir arbeiten können."

„Das ist sehr lieb von Ihnen. Danke."

„Es ist mir ein Vergnügen. In der Zwischenzeit sollten Sie die Polizei über den Diebstahl informieren."

„Das sollte ich. Danke noch einmal."

Eine Stunde später saß Miss Miller im Büro von Bertram Ailey, den Besitzer von Ailey's Auktionshaus. Er war Mitte fünfzig, hatte grau meliertes, strohiges Haar und ein faltiges Gesicht.

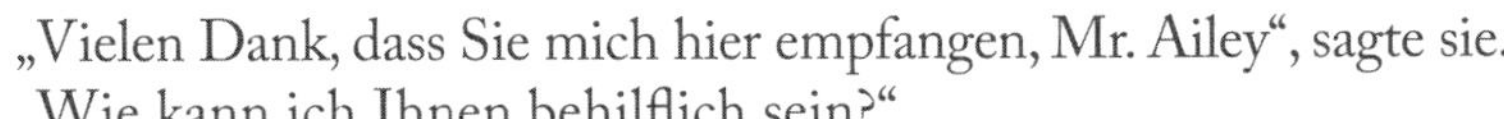

„Vielen Dank, dass Sie mich hier empfangen, Mr. Ailey“, sagte sie. „Wie kann ich Ihnen behilflich sein?“

„Sie haben gestern einen Verkauf an Dr. Arrowood geliefert. Wissen Sie zufällig, wer die Ware ausgeliefert hat?“

„Oh, ja, von der Vogelauktion. Nein, auswendig weiß ich das leider nicht. Aber ich werde für Sie nachsehen.“ Er hielt inne und blickte sie besorgt an. „Gab es ein Problem? War die Ware beschädigt?“

Miss Miller lächelte. „Oh, nein, machen Sie sich keine Sorgen. Ich kam bei Dr. Arrowood vorbei und er fragte mich, ob ich einer Sache nachgehen könnte, die der Junge ihm erzählt hatte. Es handelt sich um nichts Geschäftliches.“

Ailey warf ihr einen verunsicherten Blick zu. „Ich verstehe. Nun, das war …“

Er blätterte durch ein Hauptbuch. „Die Lieferung lag auf Ronnys Strecke. Ronny Griffith. Es ist gerade Mittagszeit, also müsste er irgendwo im Hof sein. Er ist blond.“

„Vielen Dank“, erwiderte Miss Miller. „Sie haben mir sehr geholfen.“

Im Hof standen mehrere junge Männer und unterhielten sich. Einer hatte tatsächlich blonde Haare. Miss Miller rief ihn zu sich.

„Mr. Griffith, mein Name ist Miss Miller. Dürfte ich Ihnen ein paar Fragen zu einer Ihrer Lieferungen am gestrigen Tag stellen?“

Griffith blickte sie mit zusammen gekniffenen Augen skeptisch an. „Wenn’s sein muss.“

„Sie haben Dr. Arrowood gestern ein Paket geliefert.“

„Ja, und?“

Miss Miller zwang sich freundlich zu lächeln. „War irgendetwas komisch an der Lieferung?“

„Nein. Ich brachte einem alten Mann ein Paket, er signierte. Das ist alles.“

„Also ist Ihnen nichts Seltsames aufgefallen?"

Griffith blickte sie finster an. „Mir gefällt Ihr Ton nicht." Er drehte sich zu der Gruppe um, bei der er vorher stand. „Mel! Was habe ich gestern Abend gemacht?"

Einer der jungen Männer drehte sich breit grinsend um. „Du hast es nicht geschafft, mich unter den Tisch zu trinken. Du warst so besoffen, dass ich dich die Treppen zu deinem Zimmer hochziehen musste und deine Vermieterin mich angeschnauzt hat."

Einer der anderen lachte. „Ja, du hast gesoffen wie ein Seemann, Ronny."

„Sehen Sie?", fragte er. „Ich war besoffen, dafür zahle ich heute, und das geht nur mich was an. Was auch immer Ihr Problem ist, meins ist es nicht."

„Entschuldigung, dass ich Ihre Zeit verschwendet habe", sagte Miss Miller.

Wenige Minuten später fand sie eine Telefonzelle und rief Matthew an. „Ist die Polizei schon da? Wenn sie kommt, sagen Sie ihnen, sie sollen sich auf das Auktionshaus konzentrieren."

Warum glaubt Miss Miller, dass die Auktionäre etwas mit dem Fall zu tun haben?

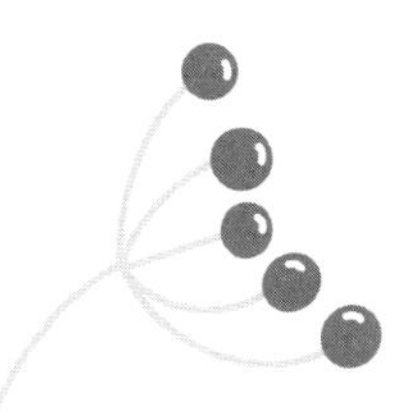

**TIPP:
GELEGENHEIT**

Rätsellösung auf Seite 149

ANGRIFF IM ANTIQUARIAT

Am Dienstagabend wurde Hiram Beauchamp, Besitzer eines Antiquariats, von einem maskierten Angreifer überfallen. Erst zwei Tage vorher nahm Beauchamp an einer Versteigerung teil, dem Sommer-Verkauf, und erwarb eine große Menge neuen Bestand. Es wurden zahlreiche kleine, wertvolle Gegenstände aus seinem Laden und Lager gestohlen und Beauchamp kam mit einem harten Schlag auf den Kopf davon.

Parnacki besuchte ihn am Morgen im Krankenhaus.

„Es war ein großer Kerl", erzählte ihm Beauchamp. „Größer als ich. Breite Schultern, muskulöser Typ. Wie einer von der Marine. Er kam auf mich zu. Ich schaltete das Hauptlicht aus. Ich sah nicht viel. Er war sowieso maskiert. Hatte irgend ein Netzteil vor dem Gesicht. Enge, schwarze Kleidung. Ich schnappte mir einen Schürhaken und wollte so richtig zuschlagen. Doch er wehrte ihn einfach mit seinem Unterarm ab. Und schlug mir eins damit über den Schädel, sodass ich bewusstlos wurde. Ich wachte erst hier wieder auf. Angeblich habe ich keine Gehirnschäden. Aber die Nase ist gebrochen. Die Ärzte sagen, ich habe Glück gehabt. Ich glaube ihnen. Ich hoffe, Sie kriegen diese Bestie, Inspektor."

Die Beamten befragten die Leute in der Nachbarschaft des Antiquariats und brachten vier Verdächtige, die das Verbrechen begangen haben konnten, auf die Polizeiwache. Inspektor Parnacki fing die Vernehmungen mit Gordon Henderson an, Beauchamps aktuellem Mitarbeiter. Beim Betreten des Verhörzimmers trug Henderson eine elegante Hose und ein gestärktes Hemd mit offenem Kragen und hochgekrempelten Ärmeln. Er sah niedergeschlagen und besorgt aus. Henderson war nicht größer als Hiram Beauchamp, vielleicht 1,70 Meter und schlank.

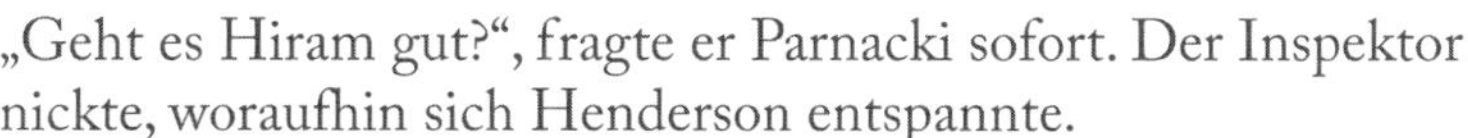

„Geht es Hiram gut?", fragte er Parnacki sofort. Der Inspektor nickte, woraufhin sich Henderson entspannte.

„Gott sei Dank", sagte er. „Ich nehme an, Sie wollen wissen, wo ich gestern Abend war. Ich machte gestern um 17 Uhr 30 Feierabend und ging danach direkt nach Hause. Becky und ich – sie ist meine Frau – aßen mit Freunden von nebenan zu Abend. Wir waren bis 21 Uhr dort. Ich verstehe, dass Sie mit allen sprechen müssen, aber ich hoffe, dass Sie mich bald gehen lassen. Becky macht sich sonst Sorgen."

Mack Gerber war Beauchamps ehemaliger Mitarbeiter und Vorgänger von Henderson. Wie fast alle Verdächtigen war er groß und kernig. Er trug Jeans und eine dunkle Lederjacke über einem Hemd. „Ich arbeitete ein paar Monate für den alten Hiram", erzählte er. Er schien zu schwitzen. „Es war in Ordnung, aber die Arbeit langweilte mich, verstehen Sie? Die Wahrheit ist, ich interessiere mich nicht wirklich für alten Krempel. Ich versuchte durchzuhalten, aber ich hab's nicht geschafft. Mein Mädel, die mag's nicht, wenn ich einen Job hinschmeiße, also ließ ich mich von Hiram feuern. Gestern Abend war ich mit den Jungs in der Stadt unterwegs, was trinken. Die bestätigen Ihnen das." Der Handwerker Chas Matheson hatte dieselbe Statur wie Gerber. Er hatte ein mürrisches Gesicht und einen Kurzhaarschnitt wie beim Militär. Er trug ein helles, kurzärmeliges Hemd und eine Stoffhose. „Ja, ich kenne den alten Mann", sagte er. „Doch ich bin nie in seinem Laden gewesen. Nicht so mein Ding,

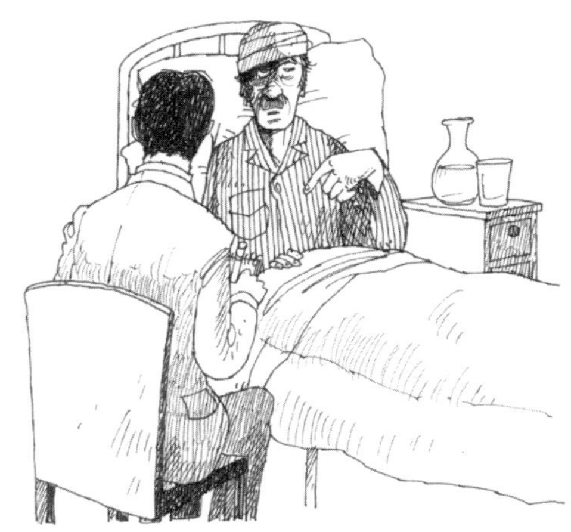

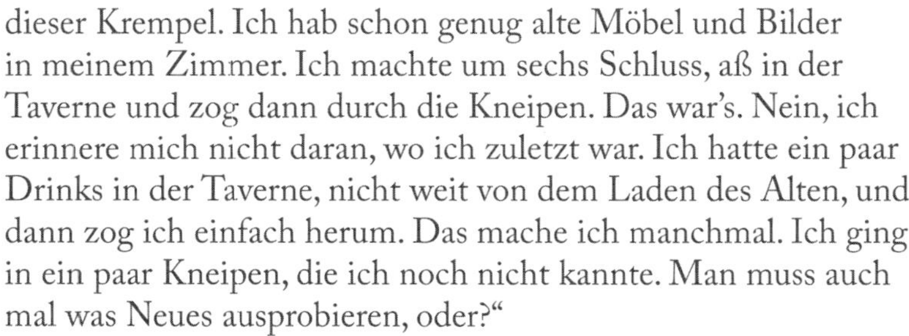

dieser Krempel. Ich hab schon genug alte Möbel und Bilder in meinem Zimmer. Ich machte um sechs Schluss, aß in der Taverne und zog dann durch die Kneipen. Das war's. Nein, ich erinnere mich nicht daran, wo ich zuletzt war. Ich hatte ein paar Drinks in der Taverne, nicht weit von dem Laden des Alten, und dann zog ich einfach herum. Das mache ich manchmal. Ich ging in ein paar Kneipen, die ich noch nicht kannte. Man muss auch mal was Neues ausprobieren, oder?"

Der letzte Verdächtige, Wayman Suttles, hatte eine Vorgeschichte von einfachem Diebstahl und Überfällen. Er hing die meisten Abende in derselben Kneipe herum, die Matheson erwähnte, die Taverne. Auch er war muskulös und über 1,82 Meter. Er trug eine abgeschnittene Hose, eine ärmellose Weste und hatte einen genervten Gesichtsausdruck. „Was ist es denn dieses Mal, Paddington?", fragte er. „Muss der berühmte Inspektor vielleicht eine Quote erfüllen? Den Punkt ‚Suttles belästigen' von der Liste für das Quartal streichen? Ich habe niemandem nirgendwo etwas angetan und das ist offiziell. Gestern Abend? War ich in der Taverne, wie Sie wissen. Ich kam gegen 17 Uhr und bewegte mich nicht weg bis sie schloss. Lila arbeitete am Tresen, die wird Ihnen das bestätigen, genauso wie tausend andere Stammgäste. Also, verhaften Sie mich oder lassen Sie mich gehen. Es ist kochend heiß hier drin."

Parnacki kam aus dem Verhörzimmer und nickte dem Diensthabenden Beamten zu. „Wir können drei der Männer direkt gehen lassen", behauptete er.

Wen verdächtigt Parnacki und warum?

TIPP: JAHRESZEIT

Rätsellösung auf Seite 149

DAS MINIATURBILD

„Sehen Sie sich das Durcheinander an, das sie hinterlassen haben, meine Liebe. Selbstverständlich darf ich noch nichts anfassen." Lila Palmer blickte stirnrunzelnd in Richtung des Salons. Sechs Schubladen wurden aus drei verschiedenen Schränken herausgezogen und deren Inhalt auf dem Boden verstreut.

„Das ist schrecklich", sagte Miss Miller. „Waren die auf die Mary-Roberts-Miniaturmalerei aus?"

Lila nickte. „Insgesamt waren hier gestern Abend zehn Leute zu Besuch. Ich möchte keinen von ihnen verdächtigen, aber einer von ihn muss wieder zurück ins Haus durch die seitliche Verandatür geschlichen sein und sie mitgenommen haben, anstatt direkt nach Hause zu gehen. Ich bin mir sehr sicher, dass niemand ins Haus eingebrochen ist, nachdem alle Gäste gegangen waren. Die Hunde hätten sonst angeschlagen."

„Am besten, Sie erzählen mir, was genau am Abend passiert ist, Lila. Es könnte Ihnen helfen, die Ereignisse im Kopf zu ordnen, bevor die Polizei ankommt."

„Eine gute Idee", sagte Lila. „Ich nehme an, Sie trinken einen Tee?"

„Vielen Dank, sehr gerne."

Versorgt mit einer Kanne Tee, bat Miss Miller Lila schließlich, ihr von dem vorherigen Abend zu berichten.

„Wir versammelten uns alle im Wohnzimmer zum Cocktailtrinken. Danach aßen wir zu Abend – Lachs in Hollondaisesauce, Lammrückenfilet mit gebratenem Spinat und Quarkspeise mit Früchten. Schade, dass Sie nicht kommen konnten. Mrs. Lea hat sich wirklich selbst übertroffen. Jedenfalls kümmerte ich

mich nach dem Abendessen darum, dass alle etwas zu trinken hatten und führte sie in den Salon, damit sie sich die Miniaturmalerei angucken konnten.

Sie stand, für alle sichtbar, auf dem hohen Tischchen neben den Rosen. Professor Felton kennt sich mit der Miniaturmalerei aus und war besonders neugierig, da es sich um ein Portrait vom General Oglethorpe handelt. Nachdem jeder einen Blick darauf werfen konnte, blieben wir noch eine Weile im Salon und unterhielten uns, dann legte ich das Kunstwerk wieder an seinen Platz zurück und scheuchte die Gäste wieder ins Wohnzimmer, wo wir eine angeregte Diskussion über Matisse führten. Etwa eine Stunde später verabschiedeten sich die ersten. Als alle weg waren, gingen Wilson und ich nach oben ins Bett. Das Dienstmädchen weckte mich heute Morgen, als sie das Chaos entdeckte, was ungefähr vor sechs Stunden war."

„Hm", sagte Miss Miller. „Die Gruppe war sicher nicht die ganze Zeit über beisammen, nicht wahr?"

„Nun, nein, natürlich nicht. Ich habe das Kommen und Gehen nicht genau beobachtet, aber ich erinnere mich, dass Carina Engeld für längere Zeit zwischen dem Lachs und dem Lamm

verschwunden war. Was noch? Nun, Professor Felton, Justin Choles und Peyton Hatcher waren eine kurze Weile nicht da, als wir uns nach dem Abendessen unterhielten. Pastor Allison ging gegen Ende des Bestaunens der Miniatur und kam dann wieder zu uns ins Wohnzimmer. Isabella Choles war kurz während der Matisse-Diskussion weg. Oh, und Randolph Hatcher suchte längere Zeit nach Mr. Jessop, bevor alle gingen, weil er wissen wollte, wer das Dach letzte Woche repariert hatte.

Miss Miller schüttelte den Kopf. „Lila, meine Liebe, es scheint mir, wir haben einen sehr verdächtigen Kandidaten, gegen den die Polizei dringend ermitteln sollte."

Wen verdächtigt Miss Miller?

TIPP:
WISSEN

Rätsellösung auf Seite 149

18

DIE FOREMAN-FIGUREN

„Die wussten genau, wonach sie suchen, Mary." Stella zog verärgert die Augenbrauen zusammen. Miss Miller schnalzte mitfühlend. „Möchten Sie noch etwas Tee, meine Liebe? Das muss schrecklich für Sie sein."

Stella Simmons hielt ihre Tasse mit Untertasse hin. „Es ist schrecklich, ja. Das ist das richtige Wort. Die Figuren zu verlieren ist ärgerlich, aber das ist es gar nicht. Ich fühle mich so … in meiner Intimsphäre verletzt."

Der Einbruch ereignete sich vor zwei Tagen. Es wurden drei teure Foreman-Figuren entwendet, doch nichts anderes.

„Das geht vorbei, ich verspreche es Ihnen", bemerkte Miss Miller, „es braucht nur etwas Zeit. Vielleicht engagieren Sie jemanden, der in den nächsten paar Wochen mit ihnen zusammen auf das Haus aufpasst. Obwohl ich mir sicher bin, dass sie nicht zurückkommen werden. Sie haben, was sie wollten. Foreman ist zurzeit sehr beliebt, der Markt ist voll von seinen Werken."

„Das ist mir bewusst", bekräftigte Stella, „die Polizei ist ziemlich pessimistisch. Sie sagt, es wird äußerst schwierig, meine Figuren zu identifizieren, falls sie schon weiter verkauft wurden. Wovon die Polizei ausgeht."

„Hatten Sie viel Ärger mit der Presse?"

„Ach, die", seufzte Stella. „Aufgeblasene Idioten sind das, haben lauter Fehler gemacht. Sie schrieben Simmons mit ‚d', behaupteten, dass fünf Figuren fehlten und erfanden schlichtweg das Zitat, ich sei ‚völlig verzweifelt' über den Verlust von ‚den unbezahlbaren Familienerbstücken, an denen so viele Erinnerungen hängen'. Kompletter Blödsinn. Ich bin selbstverständlich nicht glücklich, aber ich habe die verdammten Dinger erst letzten Winter erworben, weil ich sie schön fand."

„Haben Sie eine Idee, woher die wussten, wo sie suchen mussten?"

„Oh, ich glaube nicht, dass sie das wussten. Die sind einfach unten durch die Räume geschlichen und haben geguckt. Die wollten nur die Foremans."

„Ich nehme an, es ist kein Geheimnis, dass Sie seine Werke mögen."

„Nicht seitdem ich vor wenigen Monaten mein Einverständnis zu diesem verfluchten Interview gegeben habe, nein. Ich habe keine Ahnung, was meine häusliche Einrichtung mit dem Migrieren von Regenpfeifern zu tun haben soll."

„Ich glaube, man nennt das szenische Beschreibung", stellte Miss Miller fest und hielt inne. „Oh, Aubrey, nein, nicht auf den Tisch. Das ist nur Tee, Süße." Sie nahm die Katze, die gerade an ihrer Tasse schnüffelte, und setzte sie auf den Boden. Stella lächelte bei dem Anblick. „Ich kann nichts versprechen",

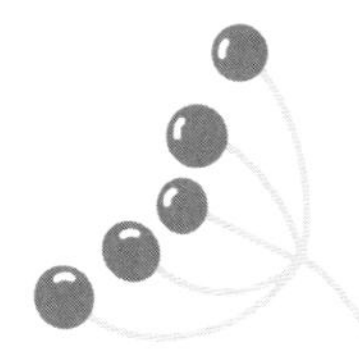

erklärte Miss Miller, „aber ich kenne einige örtliche Antiquare, die bekannt sind für ihre Deals unter der Hand. Ich strecke mal die Fühler aus."

„Großer Gott, Sie sind mutig! Danke, meine Liebe."

Miss Miller lächelte leicht.

Später am Nachmittag stand sie vor Coombs, einem eher heruntergekommenen Antiquariat, das sie kannte. Den Ehrenplatz im Schaufenster hatte eine hübsche Foreman-Figur. Sicherlich hätte es eine von Stellas sein können, jedoch hätte sie auch von überall anders stammen können.

Sie hatte gerade den Laden betreten, da tauchte Eli Coombs auch schon auf. Der Besitzer des Geschäfts war ein schmieriger Typ Anfang sechzig mit einer Vorliebe für billige graue Anzüge. „Was für eine Freude so eine charmante Dame in meiner bescheidenen Boutique anzutreffen", begrüßte Coombs sie und verneigte sich. „Wie kann ich behilflich sein?"

„Ich interessiere mich für die Foreman", offenbarte Miss Miller.

„Oh, natürlich. Sie haben ein gutes Auge. Es ist ein reizendes Kunstwerk."

„Ich gehe davon aus, dass Sie seine Herkunft belegen können?"

„Selbstverständlich, Madam. Jedes Stück in meinem Sortiment ist sorgfältig dokumentiert."

Miss Miller nickte. „Das hoffe ich. Anlässlich des aktuellen Simmons-Diebstahls kommen einem unweigerlich Zweifel."

„Meine liebe Dame, wollen Sie etwa damit sagen, dass …" Coombs Lächeln war verschwunden und sein Akzent war stärker geworden.

„Mr. Coombs ich bin nicht Ihre liebe Was-Auch-Immer. Ist das eine der gestohlenen Figuren?"

„Absurd!", spuckte Coombs aus, „ich würde niemals bei so einer Gaunerei mitmachen. Sie könnten mein ganzes Geschäft auf den Kopf stellen und würden niemals auch nur eine Spur der anderen beiden finden. Ich kann mich nicht daran erinnern, wann ich einmal so beschimpft worden bin. Bitte gehen Sie sofort."

„Verzeihung", sagte Miss Miller. „Ich wollte Sie nicht beschimpfen. Ich werde jetzt gehen."

Nachdem Sie das Antiquariat verlassen hatte ging sie direkt zur Polizeistation, wo sie zu einem Beamten sagte: „Ich weiß, wer mit den gestohlenen Figuren von dem Simmon-Diebstahl hehlt."

Woher weiß sie, dass die Figur wirklich gestohlen wurde?

➲ Rätsellösung auf Seite 149

DIE VERMISSTEN OHRRINGE

Miss Miller und Bonnie Keeler kannten sich schon über zehn Jahre. Sie waren beide leidenschaftliche Ornithologinnen und legten Wert darauf, sich einmal im Monat zu treffen und gemeinsam in die Natur zu gehen, außer in der kalten Jahreszeit. Doch sie besuchten sich nicht oft zuhause, weswegen Miss Miller sich sehr über die Einladung freute, an einem kühlen Nachmittag endlich das Wohnzimmer ihrer Freundin bewundern zu dürfen.

Der Fokus des Zimmers waren zwei bequeme Sofas in einem eleganten Blauton, die einen Sofatisch aus Glas und Korb einrahmten. Auf dem Fensterbrett standen links und rechts zwei Geranien und in deren Mitte ein farbenfroher Hibiskus, der sich vom Sonnenlicht weg und in den Raum drehte. An den Wänden hingen hübsche Landschaftsgemälde und ein paar exquisite Zeichnungen von Paradiesvögeln. In der Ecke stand eine Vitrine mit verschiedenen Vogelfiguren.

„Dieser kleine Freund sieht wunderschön aus“, meinte Miss Miller und deutete auf eine besonders schöne Zeichnung eines Raggi-Paradiesvogels.

„Danke“, antwortete Bonnie. „Ich habe ihn auf einer niedlichen, kleinen Auktion vor ein paar Jahren gefunden. Ich glaube, du hast ihn noch nie gesehen. Aber ich habe dich nicht nur eingeladen, um über Vögel zu sprechen.“

Miss Miller hob eine Augenbraue „Nicht?“

„Nein“, sagte sie ernst. „Es geht um Rosalia.“

„Ah.“ Rosalia Bohanan, Bonnies Nichte, war eine junge Frau und hatte schon einiges durchmachen müssen in ihrem Leben. Mit zwei Jahren verlor sie ihre Mutter und ihre Kindheit war nicht einfach gewesen. Seit Kurzem war sie auf die schiefe Bahn geraten, was ihrer Tante Sorgen bereitete.

Bonnie tippte sich auf den Nasenrücken und seufzte. „Sie hat schon mehrmals kleine Dinge geklaut, aber das habe ich durchgehen lassen. Dieses Mal sind es meine Diamantenohrringe. Sie waren hier drin – und dann war Rosalia hier und die Ohrringe waren weg, wenn du verstehst, was ich meine."

„Ja, ich fürchte das tue ich", bestätigte Miss Miller.

„Ich sah sie und betrat das Zimmer. Sie guckte mich auf ihre typische Art so herausfordernd an. Ich hatte die Ohrringe vor dem Mittagessen auf dem Tisch liegen lassen und dann waren sie plötzlich nicht mehr da. Sie bemerkte, dass es mir aufgefallen war und fing sofort an, sich zu rechtfertigen. Noch bevor ich etwas sagen konnte."

„Das ist verständlich."

„Nun, es war meine Schuld. Ich hätte sie nicht offen herumliegen lassen sollen, wenn sie zum Mittagessen da war. Ich sollte es besser wissen. Sie ist eine diebische Elster. Andere Dinge habe ich abgeschrieben oder ihren Vater insgeheim gebeten, sie aus ihrem Geheimversteck zu holen und mir nach ein paar Wochen wieder zu geben. Aber meine Ohrringe sind ziemlich wertvoll und ich trau ihr zu, dass sie sie gegen ein paar Flaschen Gin oder etwas ähnlich Dummes eintauscht. Sie tut mir wirklich leid und ich bin froh, dass ich selbst die Dinge, die sie erlebt hat, nicht erleben musste, aber ich möchte auch meine Ohrringe zurück."

„Hast du versucht mit ihr zu reden?"

„Natürlich. Aber du weißt, wie sauer junge Frauen werden können. Sie reagierte nicht sehr gut, tat tief beleidigt. Dann drehte sie ihre Hosentaschen auf links und forderte mich auf sie zu durchsuchen. Als ich mich weigerte, rauschte sie aus dem Zimmer. Gestern kam sie dann zurück und alles war Friede, Freude, Eierkuchen, als wäre nichts passiert. Aber ich habe sie nicht einen Moment allein gelassen. Ich war mir sicher, sie plante wieder etwas."

Miss Miller sah sich im Zimmer um. „Sie hat sie wahrscheinlich hier irgendwo versteckt, wenn sie darauf bestand, dass du sie durchsuchst, und kam dann völlig sorglos wieder zu dir. Warst du gestern in diesem Zimmer?"

„Nein."

„In diesem Fall", behauptete Miss Miller, „weiß ich, glaube ich, genau, wo deine Ohrringe sind."

Wo sind die Ohrringe?

TIPP:
SONNENLICHT

Rätsellösung auf Seite 150

20

DER MUTIGE EINBRECHER

Nella Green drehte sich auf ihrem Schuhabsatz auf dem weißen Kies der Auffahrt knirschend um, und deutete auf das leere Erkerfenster. Von Innen war ein Stück Plane als Schutz vor den Wetterbedingungen befestigt worden. „Da ist er hereingekommen", erklärte sie. Sie seufzte und setzte sich auf den Rand ihrer neuen Dekoration, eine große, elektrische Fontäne, die Gardinen von Wasser in die Höhe um mehrere Wassernixen herum schoss.

„Natürlich hat niemand gehört, dass jemand durch das Fenster eingebrochen ist", stellte Miss Miller fest und nahm den Fensterrahmen in Augenschein. „Viel Platz um sich durchzuquetschen."

„Wir alle aßen gerade zu Abend. Das Esszimmer liegt auf der anderen Seite des Hauses und Aldred und ich hatten Besuch von den Holberts, und beide Dienstmädchen waren in Bereitschaft. Ich würde von der Köchin nicht erwarten, etwas aus der Küche zu hören, auch wenn

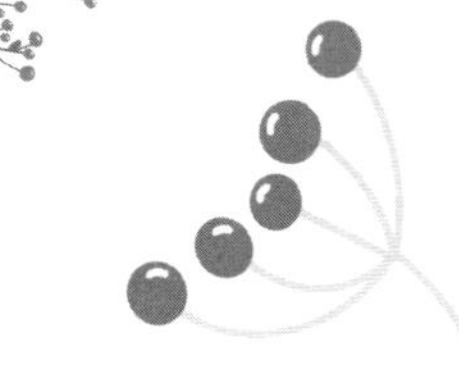

es still im Haus wäre. Wir hätten das Glas brechen hören können, aber wir hatten vorher einen Stromausfall und alle Gaslampen waren eingeschaltet. Man vergisst, wie laut die zischen. Also unterhielten wir uns etwas lauter als gewöhnlich. Die Stimmung war fröhlich und festlich bis wir von dem Schaden erfuhren."

Miss Miller nickte. „Wurde viel gestohlen?"

„Meine Tasche, Emeline Holberts Tasche, Aldreds Medaillen, das Portemonnaie aus Ewell Holberts Mantel, eine sehr hübsche alte Tischuhr und ein kleiner goldener Schwan, den ich zur Hochzeit von Aldreds Mutter geschenkt bekam. Das alles ist natürlich überaus peinlich." Nella seufzte.

„Sie sagten, dass der Gärtner einen Blick auf den Mann erhascht hat?"

„Ja, zum Glück. Mack war gerade im Schuppen mit den Sicherungen, um die Elektrizität zu reparieren. Der ist draußen am Ende der Einfahrt. Er blickte hoch und entdeckte einen großen, muskulären Kerl mit schwarzen Haaren und dunkler Kleidung. Leider sah er ihn jedoch nur durch die Fontäne hindurch, er konnte also die ungefähre Größe und Figur erkennen, doch sein Gesicht war durch das Wasser ganz verschwommen. Das Abendlicht war leider auch keine große Hilfe. Er rannte dem Kerl nach, erwischte ihn aber nicht. Die Polizei war optimistisch, weil er zumindest gesehen wurde. Sie meinen, das könnte die Chancen erhöhen, dass man uns für die gestohlenen Dinge entschädigt."

„Waren sie alle in dem Zimmer hinter dem Fenster?"

Miss Miller deutete auf den zerbrochenen Rahmen.

„Himmel, nein. Meine Tasche war da drin und Aldreds Medaillenkasten. Die Sachen der Holberts waren bei ihren Mänteln im Foyer. Dort stand auch die Uhr. Der Schwan stand im Flur zwischen dem Salon und dem Foyer."

„Dann handelt es sich um einen sehr kühnen Einbrecher."

Nella runzelte die Stirn. „Das nehme ich an. Aber ich muss zugeben, dass ich wegen ihm mehr frustriert bin, als dass ich ihn bewundere.“

„Selbstverständlich“, sagte Miss Miller. „Ich versuche mir nur ein Gesamtbild zu machen. Wo, sagten Sie, war der Butler?“

„Ich glaube, ich habe es noch nicht erzählt. Lloyd war zuerst bei uns im Esszimmer und dann half er Cook das Essen zubringen. Dann ging er wieder zu ihr in die Küche. Normalerweise isst er zur selben Zeit wie wir, nur in der Küche natürlich, um auszuhelfen, wenn wir mit dem Abendessen fertig sind.“

„Aber in der Zwischenzeit muss er bei der Köchin gewesen sein?“

„Richtig.“

Miss Miller lächelte. „Nun, dann, meine Liebe, ist es ganz einfach.“

Was ist Miss Millers Meinung nach passiert und warum?

TIPP:
KLARHEIT

➲ Rätsellösung auf Seite 150

MR. ARDEN SIMMS

Inspektor Parnacki sah sich im Büro des Toten um. Es war akribisch sauber, groß mit beruhigenden Kunstwerken an den Wänden. Neben einem Schreibtisch mit zwei bequemen Sesseln vor und hinter dem Tisch stand ein Sofa an der Wand mit einem Couchtisch davor. Jeglicher Papierkram war weggepackt worden.

Das Opfer, das auf dem Sofa gefunden worden war, hieß Arden Simms. Er verkaufte Versicherungen seiner Firma *Holberts Versicherungen* und war angeblich sehr erfolgreich damit. Der dunkle Teint seiner Haut und der blasse Streifen unter seinem Ehering deuteten daraufhin, dass er vor Kurzem im Urlaub war. Ihm wurde mehrmals in die Brust und in den Oberkörper geschossen, doch die Pistole lag nicht am Tatort. Parnacki ging los, um die Angehörigen zu benachrichtigen, während seine Kollegen Beweismaterial sammelten und Anwohner befragten.

Am nächsten Morgen waren die ersten Berichte zum Simms-Mord verfügbar. Die Schüsse wurden um 19 Uhr 45 von einer Putzfrau aus dem Nebengebäude gemeldet. Leider hatte sie nichts Hilfreiches gesehen und die Anwohnerbefragung führte auch zu keinen Zeugen. Simms und seine Frau Donna lebten in einem recht wohlhabenden Stadtviertel und hatten keine Kinder. Beweismaterialien aus seinen Habseligkeiten wiesen auf eine Liebhaberin hin, und der Assistent des Opfers, Christian Barnett, identifizierte die Frau widerwillig als Ebba Ganton. Inspektor Parnacki wollte mit der Befragung der Witwe beginnen.

Sogar in Trauer und Schock erschien Donna Simms ihm als eine freundliche, liebevolle Frau. Sie war Anfang dreißig und

hatte kastanienbraunes Haar. Inspektor Parnacki bot ihr eine Tasse Kaffee an und dankte ihr für ihr Kommen.

„Eigentlich tut es mal ganz gut aus dem Haus zu kommen“, sagte sie. „Ich sollte Ihnen danken. Wie kann ich helfen?“

„Ich versuche mir ein Bild von dem aktuellen Leben Ihres Ehemannes zu machen“, erklärte der Inspektor.

„Oh, das ist einfach. Arbeit. Arden war ein totaler Workaholic. Mindestens dreimal in der Woche war er bis nach zehn Uhr abends noch im Büro. Manchmal musste er sogar am Wochenende ins Büro. Den Klienten war seine Freizeit wirklich egal. Ich hatte gehofft, dass er mit den Jahren weniger arbeitet, aber nein, es blieb genauso wie früher. Ich freute mich riesig, dass wir dieses Jahr zumindest gemeinsam in den Urlaub fuhren.“

„Sie fuhren weg?“

„Ja, wir verbrachten zwei Wochen in einem kleinen Strand-Resort an der Küste. Das Wetter war perfekt. Arden konnte sich sogar entspannen.“

Ihr Gesicht verzog sich und sie fing an zu weinen. Der Inspektor hielt ihr eine Box mit Taschentüchern hin, sodass sie sich die Augen abtupfen konnte. „Ich nehme an, das war eine schöne Art, auf Wiedersehen‘ zu sagen. Wir sind erst seit fünf Tagen wieder da. Ich habe immer Witze gemacht, dass seine Arbeit ihn eines Tages umbringen wird, aber ich hätte mir nie vorstellen können, dass er von einem Einbrecher getötet wird.“

„Hatte Ihr Ehemann ir-

gendwelche … anderen Interessen, von denen Sie wissen?"

Sie lachte bitter. „Was, Sie meinen Sport oder Alkohol? Oder eine andere Frau? Sehr unwahrscheinlich. Holberts ließ ihm kaum Zeit für ein Privatleben. Er war immer müde. Armer Arden. Jetzt kommt er zumindest richtig zur Ruhe."

Wenige Stunden nachdem Donna Simms gegangen war, kam Ebba Ganton zum Verhör. Sie war jünger und hübscher als Donna, hatte aber nichts von Donnas Freundlichkeit. Doch die Trauer und der Schock standen auch ihr ins Gesicht geschrieben.

„Erzählen Sie mir von Arden Simms", forderte Inspektor Parnacki sie auf.

„Er war liebevoll. Wir waren seit ein paar Jahren zusammen. Doch er arbeitete sehr viel. Wenn seine Mutter nicht so eine große Last gewesen wäre, hätten wir vielleicht mehr Zeit zusammen verbracht. Ich wollte ihn heiraten. Ich hatte mir schon alles ausgemalt. Vor ein paar Tagen, als er von irgendeiner Reise wiederkam, dachte ich, er würde mir einen Antrag machen, aber das tat er nicht. Und jetzt wird er es nie tun."

„Also wussten sie nicht, dass er verheiratet war?"

„Was? Das ist unmöglich."

Er zeigte ihr eine Kopie von Simms Heiratsurkunde.

Sie wurde leichenblass. „Ich … verstehe", sagte sie schnell.

Tränen stiegen ihr in die Augen. „Und seine Mutter?"

„Ist, glaube ich, seit zehn Jahren tot."

Etwas wackelig stand sie auf. „Ich muss gehen."

Inspektor Parnacki erhob sich ebenfalls. „Sie dürfen natürlich gehen, Miss Ganton, aber ich fürchte, ich muss Sie bitten in der Stadt zu bleiben. Sie möchten vielleicht Ihren Anwalt kontaktieren. Ich habe eine Menge Fragen an sie."

Warum verdächtigt Inspektor Parnacki Ebba Ganton?

TIPP: MOTIV

Rätsellösung auf Seite 150

DAS PFAUENZIMMER

Miss Miller kannte Therese Freshour von Dinnerpartys, aber sie würde sich nicht als ihre Freundin bezeichnen. Deswegen überraschte es sie ein wenig, als Therese ihr eines Nachmittags einen Besuch abstattete. Sie führte sie in den Salon, scheuchte Aubrey weg und trug dem Dienstmädchen auf, kleine Erfrischungen zu bringen. Bis der Tee und die Kekse kamen, tauschten sie Nettigkeiten aus, redeten über die Gemeinsamkeiten und Unterschiede zwischen Vögel beobachten und Gärtnern. Als sie wieder allein waren, blickte Miss Miller zu ihrer Besucherin. „So, meine Liebe, was führt Sie heute zu mir?"

Therese schien sich etwas unwohl zu fühlen. „Kann ich ehrlich zu Ihnen sein, Mary?"

„Immer."

„Sie haben einen bestimmten Ruf."

Miss Miller hob eine Augenbraue. „Ach ja?"

„Wenn man mit Leuten über ein persönliches Problem spricht, fällt Ihr Name immer wieder, wie eine Art Wundermittel. Die Boyers. Mrs.Keeler. Die Mattingley-Affäre. Man sagt, Sie haben die Augen eines Adlers und einen messerscharfen Verstand."

„Die Leute sind zu liebenswürdig."

Therese schien nicht

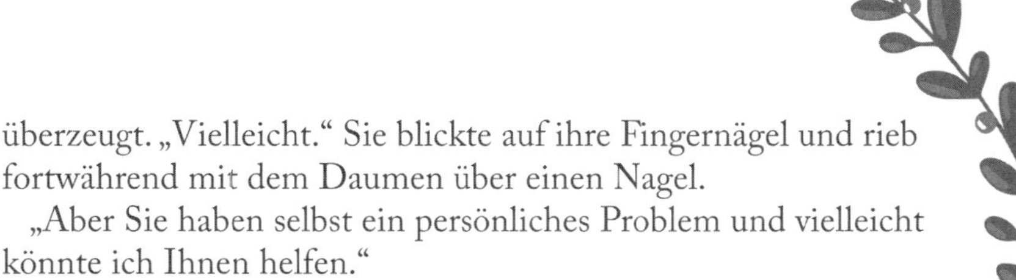

überzeugt. „Vielleicht.“ Sie blickte auf ihre Fingernägel und rieb fortwährend mit dem Daumen über einen Nagel.

„Aber Sie haben selbst ein persönliches Problem und vielleicht könnte ich Ihnen helfen.“

„Ja.“

„Meine Liebe, ich versuche es gerne“, erklärte Miss Miller lächelnd. „Ich fühle mich ehrlich geschmeichelt. Falls ich Licht ins Dunkle bringen kann, tue ich das sehr gerne.“

„Danke.“ Jetzt sah Therese sehr erleichtert aus.

„Erzählen Sie mir, was Sie bedrückt. Ich werde Sie unterbrechen, falls ich eine Frage habe.“

„Es passierte am Mittwoch. Ich hatte den ganzen Nachmittag mit meinen Dahlien zu tun. Der Regen gegen fünf trieb mich schließlich ins Haus. Ich las kurz eine Zeitschrift, in der Hoffnung, es würde aufhören, aber es schüttete bis nach acht Uhr. Also gab ich irgendwann auf und trank mit Hobart einen Cocktail vor dem Abendessen. Er fand seine Zeitung genauso langweilig wie ich meine Zeitschrift.“

Miss Miller nickte ermunternd.

„Wir aßen um halb acht und nach dem Essen las ich noch eine Stunde. Hobart trollte sich, um Papierkram zu erledigen. Sein Neffe Elijah, der Sohn meiner Schwägerin, ist seit ein paar Monaten zu Besuch. Jasmine will ihn eine Weile von dem schlechten Einfluss seiner Freunde fern halten. Aber er macht, was er will. Er kam gegen halb neun nach Hause, verweigerte das Abendessen und schenkte sich einen großen Whiskey ein, den er bei einer Partie Patience im Esszimmer trank. Ich wollte an meinem Quilt weiterarbeiten. Das ist ein Monster, deswegen rief ich das Dienstmädchen, Zena, die gerade putzte, um mir zu helfen. Dann, um halb zehn, erschien Gregory, der Butler, um mir leider mitzuteilen, dass jemand bei uns eingebrochen ist.“

„Wirklich?“

„Ja, die Person hat das Dachfenster im Pfauenzimmer oben im dritten Stock eingeschlagen. Dort bewahren wir unsere orientalische Kollektion auf. Hobart und ich rannten sofort hoch. Der Teppich war pitschnass und überall lagen Glasscherben. Doch die Glasvitrinen waren alle noch heil. Ich nehme an, die Person band ein Seil an die Dachstützen, um hoch und runter zu kommen. Sie hat mehrere Stücke aus der Kollektion gestohlen, auch die wertvollste, eine Porzellanfigur aus der Tang-Dynastie. Sie war ein Geschenk von meinem Onkel und ist unersetzbar für mich.“

„Ich verstehe. Wissen Sie ungefähr, zu welcher Uhrzeit eingebrochen wurde?“

„Nun, wir können den Zeitraum auf die Zeit zwischen zehn vor neun und halb zehn begrenzen. Zena wischte nach dem Abendessen Staub im dritten Stock, und alles war in bester Ordnung, als sie fertig war, was gegen zehn vor neun war. Kurz vor halb zehn bemerkte Gregory einen kalten Luftzug, als er aus der Küche kam, und machte sich auf die Suche nach einem offenen Fenster. Also muss es irgendwann dazwischen gewesen sein. Zena war bei mir. Gregory war zusammen mit Maxine und Mrs. Edwards in der Küche. Elijah spielte Karten und Hobart arbeitete. Es scheint unvorstellbar, dass niemand von uns gehört hat, wie ein Fenster der Größe eingeschlagen wurde, aber so ist es leider. Die Polizisten schienen ziemlich perplex und ich bin es absolut. Haben wir irgendetwas übersehen?“

„Ja, tatsächlich“, bestätigte Miss Miller. „Ich habe einen starken Verdacht, wer es gewesen ist.“

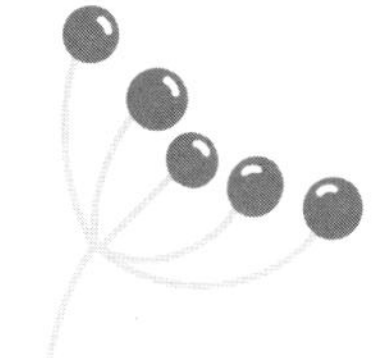

Wen verdächtigt Miss Miller und warum?

TIPP:
ANWESENHEIT

Rätsellösung auf Seite 150

21

TOD IM EISSCHRANK

Howard Phillips, der kritischste Investigativreporter des *Chronicals,* war am Montagmorgen tot aufgefunden worden. Sein Gegenpart bei der *Sentinel,* Joshua Cole, war gleichzeitig traurig, aufgebracht und fasziniert von dem Tod seines Kollegen. Im kriminellen Untergrund war es ein ungeschriebenes Gesetz, dass Journalisten nicht getötet wurden, außer es war absolut notwendig. Josh machte sich mit dem Fall vertraut noch bevor sein Herausgeber ihn darauf ansetzte.

Als erstes rief er seine Kontaktperson bei der Polizei an. „Hi, Pete, hier ist Josh."

„Lass mich raten. Phillips."

„Ja…"

Pete seufzte. „Es war eindeutig die Mafia. Er wurde in einer Fischkonservenfabrik ermordet, die offiziell der dreijährigen Nichte von Benny Lucas gehört. Die Fabrik ist eine baufällige Müllhalde, sogar im Vergleich zu den anderen ebenfalls verwahrlosten Lagerhallen am Hafen. Sie schossen ihm in die Brust und in den Kopf und verfrachteten ihn dann in den Eisschrank, weswegen wir keine Ahnung haben, wann genau er starb. Irgendwann nach Donnerstagnachmittag, als die Fabrik für das lange Wochenende schloss und vor Montagmorgen, als sie wieder öffnete. Freunde sagen, dass er oft tagelang verschwand, wenn er an einer Geschichte dran war. Niemand hat innerhalb einer Woche mit ihm persönlich gesprochen. Ohne einen Todeszeitpunkt können wir nicht einmal eine ordentliche Ermittlung starten."

„Was auch erklärt, warum du heute so gesprächig bist, was?", fragte Josh nach.

„Ja, falls du was herauskriegst, gib mir bitte Bescheid. Früher oder später werden wir die Absteige finden, in der er untergekommen war. Aber je später wir wissen, wo er war, desto schwieriger wird es, diesen Fall aufzuklären."

Phillips Kollegen beim *Chronicle* waren ebenfalls ungewöhnlich gesprächig. Natürlich war ein Mord in der Familie der Moment, in dem man alle Rivalitäten vergaß. Verne Handleys Ressorts waren die Lokalpolitik und der Sport. Es war ein klasse Coup und das wusste er. „Armer Howard", sagte er. „Ich wusste, dass das früher oder später passieren würde. Er war eine absolute Bulldogge. Sobald er eine Story zwischen den Zähnen hatte, ließ er sie nicht wieder los. Er glaubte an die Wahrheit, als wäre sie ein heiliges Schriftstück, egal, wer dabei zu Schaden kam. Er war seit ein paar Wochen ziemlich aufgeregt, aber sprach nicht darüber. Das hat er nie getan, bis er die Story abgab. Es war nicht einfach, ihn zu mögen, aber ich hatte einen riesigen Respekt vor ihm."

Domingo Crujias war für Handel und Finanzen zuständig. Er war ein ordentlicher Mann mit einem gut geübten herzlichen Lächeln. „Howard war ein Freund", erklärte er Josh. „Wirklich. Wir gingen gemeinsam zu Spielen. Er war an etwas dran, das

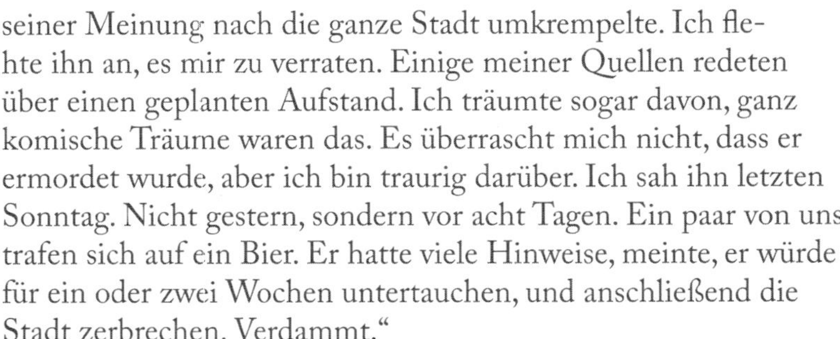

seiner Meinung nach die ganze Stadt umkrempelte. Ich flehte ihn an, es mir zu verraten. Einige meiner Quellen redeten über einen geplanten Aufstand. Ich träumte sogar davon, ganz komische Träume waren das. Es überrascht mich nicht, dass er ermordet wurde, aber ich bin traurig darüber. Ich sah ihn letzten Sonntag. Nicht gestern, sondern vor acht Tagen. Ein paar von uns trafen sich auf ein Bier. Er hatte viele Hinweise, meinte, er würde für ein oder zwei Wochen untertauchen, und anschließend die Stadt zerbrechen. Verdammt."

Der Reporter für internationale Nachrichten war Sam Moyers, ein hochgewachsener Kerl Mitte zwanzig. „Ich fühle mich schrecklich wegen Howard. Ich war es, der ihn auf die Jagd angesetzt hatte. Wenn ich gewusst hätte… Ein Kerl in Caracas verriet mir etwas über eine illegale Lieferung, maskiert als Fisch. Howard wollte, dass ich ihm Bescheid gebe, wenn ich Wind von dem Schmuggel kriegte, also erzählte ich es ihm. Das war vor einer Woche. Jetzt ist er tot. Hätte ich doch bloß meinen Mund gehalten – hab' ich aber nicht. Also habe ich gestern eine Kerze für ihn angezündet. Er war ein guter Kerl und ein guter Journalist mit einem steinharten Ehrencode, auf dem sein Glaube an die Wahrheit basierte. Wir brauchen mehr Leute wie ihn."

Sobald er wieder in der Nachrichtenredaktion der *Sentinel* war, rief Josh Pete von der Polizeiwache an. „Du wirst es nicht glauben", sagte er zu seinem Freund.

„Was meinst du?", fragte Pete. „Weißt du etwas über Phillips?"

„Nicht ich – aber ich kennen einen Mann, der etwas weiß."

Wen verdächtigt Josh involviert zu sein?

TIPP: WISSEN

Rätsellösung auf Seite 151

DER STERN VON RAJPUR

Miss Miller und Emmeline Peterson lernten sich gegen Ende ihrer Schulzeit kennen. Sie kamen aus ähnlichen familiären Verhältnissen und hatten den gleichen seltsamen Humor, der sie zusammenschweißte.

Obwohl sich ihre Wege mit Erreichen des Erwachsenenalters trennten, standen sich die beiden Damen immer noch nahe. Als Emmelines Ehemann, Bennett, ihr also den Stern von Rajpur, einen dunkelblauen, großen, sagenumwobenen Saphir schenkte, wusste Miss Miller als Erste Bescheid. Auch als Emmeline sich entschied, den Stern in eine kostbare Halskette einfassen zu lassen, wusste Miss Miller als Erste Bescheid. Und als Emmeline entdeckte, dass der Stern gestohlen wurde, wusste Miss Miller wieder als Erste Bescheid – natürlich nach der Polizei und der Versicherung.

An diesem Nachmittag tranken die beiden Damen in Emmelines Salon Tee. Miss Miller stellte erleichtert fest, dass ihre Freundin wegen des Diebstahls eher wütend als verzweifelt war.

„Der Zeitpunkt ist sehr verdächtig“, erklärte Emmeline. „Ich bekam das fertige Schmuckstück gestern Mittag von Rimel's zurück. Und um 10 Uhr am Abend war nur noch ein leerer Anhänger mit verbogenen Krappen übrig. Der arme Mr. Rimel war erschüttert. Er hatte sich so sehr darüber gefreut, den Stern einzufassen.“

„Das Gold wurde nicht gestohlen?“

„Nein. Verflixte Sache. Ich bat Mr. Rimel darum, den Stern mit einem dreifachen Ring aus kleinen hellblauen Strasssteinen zu verzieren, um ihn besser hervorzuheben. Aber es erschien falsch, dass etwas von dem Stern ablenken würde. Jedenfalls wurden

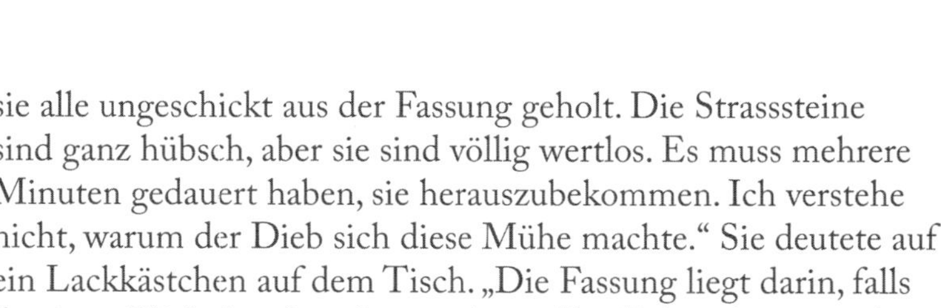

sie alle ungeschickt aus der Fassung geholt. Die Strasssteine sind ganz hübsch, aber sie sind völlig wertlos. Es muss mehrere Minuten gedauert haben, sie herauszubekommen. Ich verstehe nicht, warum der Dieb sich diese Mühe machte." Sie deutete auf ein Lackkästchen auf dem Tisch. „Die Fassung liegt darin, falls du einen Blick drauf werfen möchtest. Die Polizei hat sie sich kurz angeguckt und ein Foto davon gemacht, und ich denke der Versicherungsmann will sie auch sehen."

„Ich schau sie mir mal an", sagte Miss Miller. Sie öffnete das Kästchen. Es handelte sich um eine goldene, herzförmige Fassung mit filigranem Blumenmuster. Sie schien nicht sehr wertvoll, aber wenn man sie einschmelzen würde, käme sicherlich eine Monatsmiete dabei raus. Eine nicht zu verachtende Summe auf jeden Fall. Sie schloss das Kästchen wieder. „Seltsam."

„In der Tat." Emmeline seufzte. „Doch was mich so stinksauer macht, ist meine Vermutung, dass es kein Einbrecher war. Gestern kam nur Mr. Rimel zu uns, und die Auffahrt bietet ja nun nicht gerade genügend Sichtschutz in dieser Jahreszeit. Es ist sicherlich nicht unmöglich, dass sich irgendein feiger Dieb durch den Obstgarten oder Rosengarten hereingeschlichen hat, aber wie sollte er von dem Stein gewusst haben? Nein, ich fürchte, es war jemand aus dem Personal. Zu wissen, dass mich eine Person in meinem Haushalt hintergangen hat … ist einfach nur schrecklich. Ich bin fuchsteufelswild!"

„Eine oder mehr."

„Mary! Sag' doch so etwas nicht."

„Oh, entschuldige, meine Liebe. Ich habe nur laut gedacht."

„In deinem Kopf möchte ich nicht stecken."

„Danke." Miss Miller lachte stolz.

„Ich nehme an, du möchtest mit jedem sprechen." Emmeline zog ein gequältes Gesicht.

„Gern."

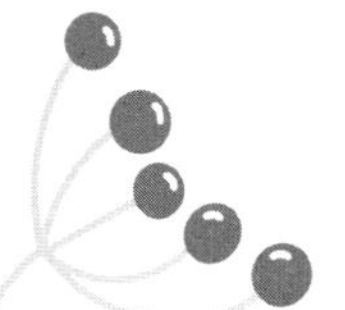

Es klopfte an der Tür und herein trat Collins, der Butler. Er schaute, wie es sich für einen Butler gehörte, ernst drein und gab sich große Mühe, sein heiteres Naturell zu unterdrücken. Er war wie immer ausgesprochen gut gekleidet. „Madam, die Polizei."

„Danke, Collins", antwortete Emmeline. Kurz darauf betrat ein junger, nervöser Polizist das Zimmer. „Wir haben fast alle Ihrer Edelsteine gefunden, Mrs. Peterson."

„Ja?" Sie hob eine Augenbraue.

„Sie lagen zwischen dem Unkraut bei der kleinen Gartenpforte versteckt. Achtundvierzig Stück in unterschiedlichen Blautönen. Sie werden natürlich als Beweismaterial gehandelt."

„Der Stern war bestimmt nicht darunter, richtig?"

Der Beamte nickte traurig.

„Der große, geschliffene? Nein. Es tut mir leid."

„Ein Cabochon", präzisierte Emmeline.

Der Beamte starrte sie an.

„Können Sie sagen, wie lange die Steine da draußen lagen?", unterbrach Miss Miller die unangenehme Stille.

„Wahrscheinlich über Nacht", antwortete er dankbar. „Sie waren von Blättern und Dreck bedeckt, das wäre für so einen schönen Tag wie heute ungewöhnlich."

„Danke, dass Sie mich gleich benachrichtigt haben“, sagte Emmeline. „Ich möchte Sie nicht länger aufhalten.“

„Ma'am“, erwiderte der Beamte.

Collins führte ihn aus dem Zimmer und kam gleich darauf zurück. „Sie wünschten noch etwas, Madam.“ Das war keine Frage.

„Ja, wären Sie so freundlich, Miss Miller ein paar Fragen zu gestern zu beantworten?“

Er zuckte nicht einmal mit der Wimper. „Selbstverständlich, Madam.“

Miss Miller setzte ein freundliches Lächeln auf. „Können Sie mir sagen, wie Ihr Tag gestern verlief, ab der Lieferung des Sterns bis zu seinem Verschwinden?“

„Ja, Ma'am. Mr. Henri Rimel von Rimel's Fine Jewellery kam gestern kurz vor 13 Uhr und ging zehn Minuten später wieder. Danach servierte ich Mr. und Mrs. Bennett Champagner und beaufsichtigte das Mittagessen – erst für die Familie, dann für das Personal. Effie, das Dienstmädchen, besuchte gestern ihre Eltern, deswegen stärkte und bügelte ich Mr. Bennetts Hemden. Brutus, einer der Hunde, hatte ein kleines gesundheitliches Problem, also fuhr ich mit ihm ungefähr um 15 Uhr 25 zum Tierarzt und kam kurz vor 18 Uhr wieder. Brutus Kralle ist zum Glück wieder in Ordnung. Abends weise ich seit ein paar Monaten Mrs. Brookshires neue Gehilfin, Acie, in die nicht-kulinarischen Aufgaben ihrer Arbeit ein. Gestern übten wir Serviettenfaltungen für Fortgeschrittene. Die Familie isst um 19 Uhr und das Personal um 20 Uhr zu Abend. Nachdem alles aufgeräumt war, begleitete ich Mrs. Brookshire zur Bushaltestelle, kam gegen 21 Uhr 20 zurück und schloss das Haupttor. Anschließend half ich Mr. Bennett mit Papierkram und ging durchs Haus, um zu überprüfen, dass alle Fenster geschlossen waren. Da schlug Mrs. Bennett Alarm wegen ihres Edelsteins. Das war um 22 Uhr 05.“

Miss Miller starrte ihn an. „Das war sehr präzise, Collins", sagte sie schließlich.

„Danke, Ma'am, ich gebe mein Bestes."

„Bitte rufen Sie Mrs. Brookshire als nächstes herein, Collins", wies Emmeline an.

„Ja, Madam", antwortete er. Er verbeugte sich tief und glitt durch die Tür.

„Ist er –" hob Miss Miller an.

„Oh, ja", antwortete Emmeline. „Immer. Wenn Collins sich gegen uns gewandt hat, habe ich kaum Zweifel, dass Bennett morgen um diese Zeit für *ihn* arbeitet und nicht umgekehrt. Bennett hat ihm sogar einmal einen Job im Büro angeboten, aber Collins antwortete, dass er sich lieber um Menschen als um Geld kümmert."

„Ein guter Mann", stellte Miss Miller fest.

„Hoffentlich."

Kurz darauf betrat die Köchin das Zimmer. Hildegarde Brookshire war genauso fabelhaft wie ihr Name – groß, kräftig und direkt. „Meine Gehilfin und ich waren gestern in der Küche", erzählte sie etwas skeptisch. „Wo sollten wir sonst sein? Wir kochten und putzten hinterher, wie immer. Zum Mittagessen gab es Shepherds Pie, was schnell ging, aber das Brot für den Tag dauert immer eine Weile, und es musste noch ein Biskuitkuchen vorbereitet werden. Nachmittags haben wir Pilzsuppe gekocht, Marmelade eingekocht und den Teig für den Lammbraten im Teigmantel gemacht. Mr. Collins brauchte meine Gehilfin für eine Stunde, weshalb wir das Gemüse vorher fertig schnippelten, und als sie wieder da war, half sie mir beim Servieren. Nachdem auch wir gegessen hatten, begleitete Mr. Collins mich zum Bus. Alles wie immer."

Mrs. Brookshires Gehilfin, Acie Justin, war eine dünne, nervöse junge Frau, die stets so aussah, als würde sie jeden Moment

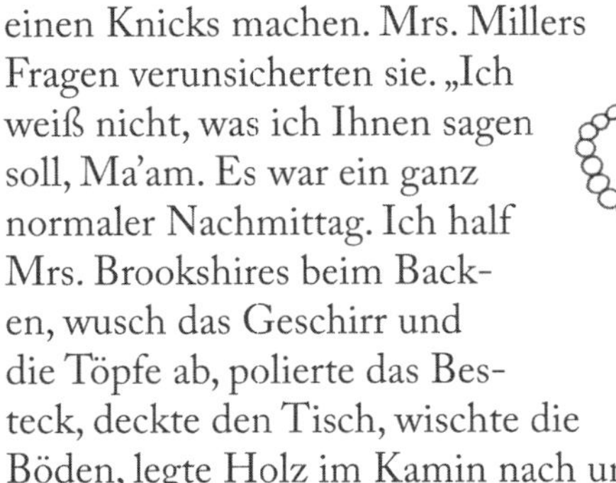

einen Knicks machen. Mrs. Millers Fragen verunsicherten sie. „Ich weiß nicht, was ich Ihnen sagen soll, Ma'am. Es war ein ganz normaler Nachmittag. Ich half Mrs. Brookshires beim Backen, wusch das Geschirr und die Töpfe ab, polierte das Besteck, deckte den Tisch, wischte die Böden, legte Holz im Kamin nach und lauter solcher Dinge. Ich war den ganzen Tag mit ihr zusammen, außer in der Stunde mit Collins, der mir gerade zeigt, wie man Servietten faltet. Als Mrs. Brookshires nach dem Abendessen nach Hause ging, machte ich den Abwasch, wischte den Boden und die Arbeitsflächen. Ich schlafe in dem Raum neben Effie, aber die besuchte gestern ihren Vater. Ich blieb noch in der Küche bis alle schlafen gingen, für den Fall, dass noch jemand eine heiße Tasse Tee oder so wollte."

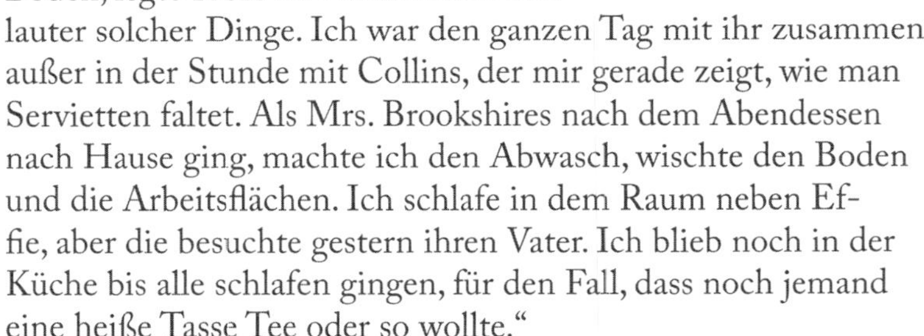

Als letztes kamen der Hausgärtner, Sidney Cutshaw und sein Gehilfe, ein Teenager namens Brady, an die Reihe.

Collins führte sie rein und zog sich wieder zurück. Mr. Cutshaw war ein kleiner Mann mittleren Alters, dessen Gesicht wie aus Eiche geschnitzt aussah mit einem spektakulären Schnurrbart. Sein Gehilfe war groß und bullig, sichtlich eingeschüchtert und, wie Miss Miller erkannte, nicht sehr schlau.

„Gestern Mittag schnitt ich die Hecken im Rosengarten. Brady fegte Blätter und Zweige von der Auffahrt."

„Genau", berichtete Brady. „Ich sah den Mann kommen." Er runzelte die Stirn. „Ich dachte, er wäre nett, das stimmte aber nicht. Er war böse."

„Brady!", rief Mr. Cutshaw aus. „Rede nicht so." Er wandte sich an Emmeline. „Entschuldigung, Ma'am."

„Das ist schon in Ordnung", erwiderte Emmeline. „Mr. Rimel kommt recht harsch rüber."

Mr. Cutshaw blickte kurz zu seinem Gehilfen. „Nach dem Mittagessen mähte ich mehrere Stunden den Rasen. Brady holte eine Kiste Jungpflanzen aus dem Pflanzengarten ab, auf die ich schon gewartet hatte."

Brady zog stolz einen Zettel aus der Tasche. „Mr. Cutshaw gab ihn mir, um ihn im Pflanzengarten vorzuzeigen."

Der Gärtner seufzte und nickte. „Brady würde seinen Kopf irgendwo vergessen, wenn er nicht angewachsen wäre. Jedenfalls war ich um sechs mit dem Mähen fertig und Brady, der wieder da war, half mir beim Zusammenhaken."

„Dann ging ich Holz holen", erzählte Brady. „Was ich immer mache."

„Der Holzschuppen steht dahinten bei der Pforte", erklärte Cutshaw. „Der Junge holte jeden Morgen und Abend Feuerholz."

„Also waren Sie beide den ganzen Tag auf dem Gelände", fasste Miss Miller zusammen. „Haben Sie jemand anderen kommen oder gehen sehen?"

„Nur Mr. Collins mit einem der Hunde", schilderte Cutshaw. „Er war ein bisschen länger als zwei Stunden weg."

„Und den bösen Mann", ergänzte Brady.

„Nenn ihn nicht so, Junge", erwiderte Cutshaw.

Brady nickte kleinlaut. „Entschuldigung, Ma'ams, Mr. Cutshaw. Passiert nicht wieder."

„Wir warteten nach dem Abendessen ein wenig und gingen dann um halb zehn ins Bett. Das ist alles", schloss Mr. Cutshaw.

Miss Miller nickte.

Nachdem Collins noch eine Kanne Tee gebracht hatte, waren die Damen wieder unter sich. Miss Miller wandte sich zu ihrer Freundin: „Und du und Bennett? Wo wart ihr gestern? Habt ihr irgendetwas gesehen?"

„Nichts“, erklärte Emmeline. „Bennett ging in den Obstgarten schießen und ich las im Wohnzimmer ein ziemlich langweiliges Buch. Dabei sah ich Mr. Cutshaw den Rasen mähen. Dann machte ich ein kleines Nickerchen. Bennett kam um kurz nach sechs mit den Hunden wieder, weil die Sonne untergegangen war. Ich wachte davon auf, wir unterhielten uns kurz, aßen zu Abend und tranken einen Absacker im Wohnzimmer. Ich las noch eine Weile und wollte mir dann vor dem Schlafengehen noch einmal Rimels Schmuckstück ansehen.“

„Und wo lag der Stern?“

„Er war den ganzen Tag über in diesem Zimmer. Ich habe nicht daran gedacht, dass ich ihn sofort im Safe einschließen muss.“

„Aha“, sagte Miss Miller. „In dem Fall, habe ich eine Idee, wo wir den Stein finden.“

Was passierte mit dem Stern von Rajpur?

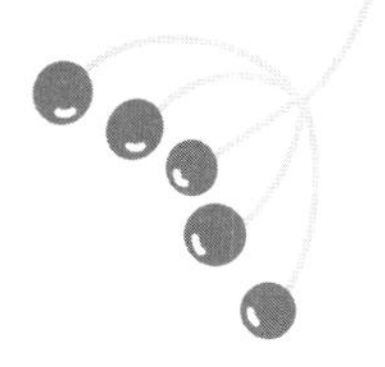

TIPPS:

EFFIE WEBSTER WAR WIRKLICH DEN GANZEN TAG ÜBER AM ANDEREN ENDE DER STADT BEI IHREN ELTERN.

COLLINS MISSBILLIGT DAS BANKWESEN.

MR. RIMEL WAR SEHR UNFREUNDLICH ZU BRADY UND SCHIMPFTE IHN EINEN IDIOTEN.

MRS. BROOKSHIRE NIMMT DIE RESTE VOM ABENDESSEN FÜR IHRE FAMILIE MIT NACH HAUSE. MRS. PETERSON WEISS DAS, ABER ES MACHT IHR NICHTS AUS.

ACIE JUSTIN IST SEHR EHRGEIZIG UND STÄRKER ALS SIE SCHEINT.

MR. CUTSHAW HAT NICHT VIEL FÜR DIE PETERSONS ÜBRIG, ABER ER LIEBT IHR GRUNDSTÜCK.

BRADY IVEY WÜSSTE NICHT, WAS EIN SAPHIR IST, WENN MAN IHN IHM DIREKT UNTER DIE NASE HALTEN WÜRDE.

SCHIESSEN IST BENNETT PETERSONS LIEBLINGSFREIZEITBESCHÄFTIGUNG.

EMMELINE PETERSON ZIEHT ES VOR, EIN ANGESAGTES BUCH GELESEN ZU HABEN, ALS DEN AKT DES LESENS SELBST.

NIEMAND BELOG MISS MILLER.

ALLE STEINE ZU STEHLEN WAR RISKANT UND INEFFIZIENT.

Rätsellösung auf Seite 151

EINE UNABHÄNGIGE FRAU

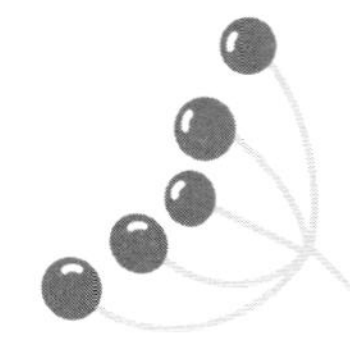

Als die Polizisten auf Drängen ihrer Freunde Elizabeth Miles Haustür aufbrachen, entdeckten sie sie tot am Treppenaufgang liegend – das Genick gebrochen. Einziges Indiz war, dass sie beim Heruntergehen gestürzt war. Sie schien seit sechsunddreißig Stunden, also Freitagabend, tot zu sein.

„Parnacki? Von Ihnen habe ich doch schon gehört?", fragte Anya Day, Mrs. Miles Teilzeitputzfrau.

„Möglich", antwortete Parnacki „aber –"

„Ja, ich bin mir sicher. Sie sind der, den man Paddington nennt."

„Könnten wir zurück zu Mrs. Miles kommen?"

„Oh, natürlich. Mrs. Miles war sehr stolz und unabhängig. Ich kam drei Tage die Woche, montags, mittwochs und freitags. Sie wurde ein bisschen gebrechlich, aber hielt das Haus fast picobello sauber. Ehrlich gesagt, hatte ich nie viel zu tun, aber ich glaube, sie mochte meine Gesellschaft. Ihre Kinder kamen fast nie zu Besuch. Als ich am Freitagnachmittag ging, ging es ihr gut. Wie ist sie gestorben? Ich hoffe, nicht zu schrecklich. Sie war sehr nett – für eine wohlhabende Dame, wissen Sie."

„Es ging ganz schnell", sagte Parnacki in einem beruhigenden Ton.

„Zumindest darüber bin ich froh", sagte Mrs. Day, „genauso wie mein Reg. Ich habe ihm immer die Geschichten erzählt, die Mrs. Miles mir erzählt hatte."

„Ja?"

„Aus ihrer Jugend, als junge, frisch verheiratete Frau in Indien. Ja, erst am Freitag habe ich meinem Mann die Geschichte von ihrem Ehemann und den Tigern erzählt. Sie waren sehr

abenteuerlich, sie und ihr Mann. Er muss sehr gut ausgesehen haben."

„Ich verstehe", sagte Mr. Parnacki. „Vielen Dank für Ihre Zeit."

Briony Marley war Elizabeth Miles Tochter. Sie war Ende dreißig und schien eher genervt als traurig. Nachdem er sich vorgestellt hatte, fragte Inspektor Parnacki: „Standen Sie Ihrer Mutter nahe?"

Marley schnitt eine Grimasse und seufze: „Nicht wirklich, Inspektor. Meine Mutter hatte viele gute Eigenschaften und war

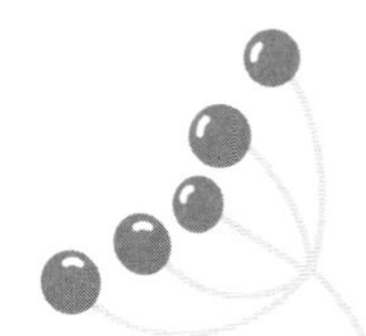

sehr beliebt, aber als Mutter war sie sehr schwierig. Sie hat sich nie viel Mühe mit meinem Bruder und mir gegeben. Stattdessen wurden wir an eine Reihe von Kinderfrauen und Babysitter abgeschoben. Nach dem Tod unseres Vaters sahen wir sie fast nie. Für meine Kinder interessierte sie sich etwas mehr. Sie werden traurig sein, dass ihre Oma tot ist. Aber sie wurde alt. Das war nur eine Frage der Zeit."

„Wie für uns alle. Fällt Ihnen jemand ein, der einen Grund hatte, Ihrer Mutter etwas Böses zu wollen?"

Bei der Frage blickte sie Parnacki erschrocken an: „Wurde sie ermordet? Ihr Mitarbeiter reagierte ziemlich ausweichend, was die Todesursache meiner Mutter angeht." Sie runzelte vorwurfsvoll die Stirn.

„Ich möchte nur alle Möglichkeiten in Betracht ziehen", sagte Parnacki freundlich.

„Ich dachte, so etwas können sie anhand dessen, wie sie gestorben ist, sagen", antwortete sie eindeutig skeptisch. „In Ordnung, ich weiß, dass Sie das fragen müssen. Ich kann mir nicht vorstellen, dass irgendjemand meine Mutter umbringen wollte, nein. Sie war nicht so eine Sorte Frau."

Easton Miles war Elizabeths zweites Kind. Ein wenig erfolgreicher Geschäftsmann Anfang vierzig, der sich bereits in den verschiedensten Geschäftsbereichen betätigt hatte. Sein Anzug war zum Zeitpunkt des Erwerbs sichtlich teuer gewesen und er hatte den Habitus eines arroganten, selbstbewussten Mannes, der typisch für Menschen mit komfortablem Wohlstand ist.

„Es ist eine schreckliche Wendung der Ereignisse", sagte er zu Parnacki. „Sie war so dickköpfig. Ich wollte, dass sie jemanden in Vollzeit einstellte, der ihr im Haus half, aber davon wollte sie nichts hören. Sie war der festen Überzeugung, dass sie fit wie ein Turnschuh sei. Sie fand meinen Vorschlag unwürdig. Jetzt wünschte ich, ich hätte mehr auf sie eingeredet. Ich werde sie sehr vermissen."

Parnacki nickte. „Standen Sie sich nahe?"

„Absolut. Sie war eine tolle Frau, so voller Leben und Energie. Der Gedanke, dass sie tot unten an der Treppe lag, gebrochen– ist fast nicht auszuhalten. Ich befürchtete immer, dass sie eines Tages stürzen würde. Sie war nicht mehr so sicher auf den Beinen. Aber sie hätte eher den Kopf in einen Krokodilschlund gesteckt als einen Gehstock zu benutzen. Ich glaube, das hat sie sogar wirklich getan. Die Sache mit dem Krokodil, meine ich."

„Wissen Sie, ob sie Feinde hatte?"

„Feinde? Sehr unwahrscheinlich. Vielleicht eine oder zwei neidische Hennen in ihrem sozialen Umkreis. Aber in diesen Kreisen war sie eher reizend und freundlich, statt gehässig."

Nachdem Easton wieder gegangen war, suchte Parnacki den Beamten auf, der die Leiche gefunden hatte.

„Sie müssen zurück zum Haus der Miles fahren, Bradley. Ich bin mir fast sicher, dass es sich um einen Tatort handelt."

Warum glaubt Parnacki, dass Elizabeth Miles ermordet wurde?

➡ Rätsellösung auf Seite 152

23

TÖDLICHES TREFFEN

Der Mord an Angela Voss – mitten in Tate's Wine Bar – versetzte die Boulevardblätter in Aufregung. Als die Zeitungen dann auch noch erfuhren, dass „Paddington" Parnacki die Ermittlungen leitete, landete die Story auf der Titelseite.

Auf den ersten Blick schienen die gegebenen Fakten nichts her zu geben. Mrs. Voss traf sich in der Bar mit ihren zwei Freundinnen Elizabeth Hansen und Sophia Rosenthal. Voss und Hansen teilten sich einen Krug leichten Weincocktail, während Rosenthal einen Kaffee bestellte. Die Damen aßen oder tranken nichts anderes. Neunzig Minuten später war Voss tot, scheinbar vergiftet. Während alles untersucht wurde, führte Inspektor Parnacki die Befragungen durch und fing mit dem Kellner an, der den drei Damen die Getränke serviert hatte. Michael Johnson war ein großer, freundlich aussehender Mann Ende zwanzig. Er war sichtlich nervös und wischte seine Handflächen immer wieder an seinem Hemd ab. „Sie haben Mrs. Voss und ihre Freundinnen bedient, nicht wahr", fragte Parnacki. „Ja, Sir", erwiderte Johnson. Er hielt inne, dann auf einmal platze es aus ihm heraus: „Muss ich ins Gefängnis?" Parnacki hob eine Augenbraue: „Wollen Sie mir sagen, dass Sie Mrs. Voss ermordet haben?"

„Nein! Ähm … nein, Sir. Nicht mit Absicht. Aber ich habe ihnen doch die Getränke gebracht. Also … habe ich sie getötet."

Beruhigend antwortete Parnacki: „Auch wenn das stimmt, wären Sie nur, weil Sie die Getränke serviert haben, nicht mehr verantwortlich für den Mord als das Tablett, das Sie trugen. Außer, natürlich, Sie wussten, dass der Drink vergiftet war."

Johnson entspannte sich erleichtert. „Oh, dem Himmel sei Dank." Er trocknete sich die Augenwinkel. „Also, wie kann ich helfen?"

Parnacki lächelte aufmunternd. „Ich nehme an, Sie kennen die drei Damen?"

„Ja, sie sind Stammgäste von uns. Waren Stammgäste, meine ich."

„Erzählen Sie mir, was passiert ist."

„Nun, ich nahm den Damen die Mäntel und Schals ab und führte sie an ihren Stammtisch am Kamin. Mrs. Rosenthal bestellte einen Kaffee mit Sahne und Mrs. Hansen einen Krug von dem Wein mit Eiswürfeln aus der Schale, um ihn sich mit Mrs. Voss zu teilen. Ich gab die Bestellung an die Bar weiter und kümmerte mich um andere Stammgäste, die Timothys, die mir signalisierten an ihren Tisch zu kommen. Als ich deren Bestellung aufgenommen hatte, waren die Drinks der Damen fertig. Ich brachte sie zusammen mit zwei Weingläsern an ihren Tisch. Ich stellte die Getränke ab, schenkte Mrs. Voss und Mrs. Hansen ein und ging wieder. Mrs. Hansen schien durstig zu sein. Mrs. Rosenthal fragte nach ein wenig Honig, den ich ihr brachte. Das war alles bis …"

„Bis?"

Johnson schluckte nervös. „Es passierte ungefähr nach einer Stunde. Mrs. Voss stand auf, weil es ihr sichtlich nicht gut ging. Sie rief nach einem kalten Wasser. Noch bevor ich es ihr bringen konnte, bekam sie einen Hustenanfall. Dann fiel sie zu Boden,

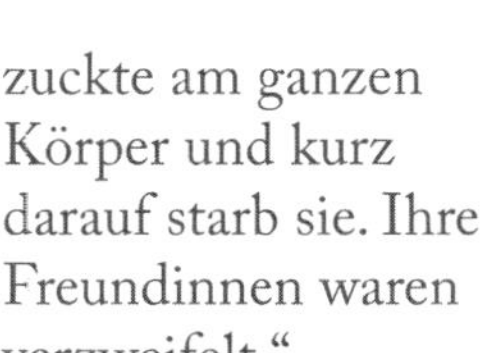

zuckte am ganzen Körper und kurz darauf starb sie. Ihre Freundinnen waren verzweifelt."

„War es normal, dass Mrs. Rosenthal einen Kaffee bestellte?"

„Ja, das tut sie häufig. Sie trinkt nie Alkohol, zumindest nicht, dass ich wüsste."

„Ich verstehe. Und hat der Barkeeper in diesem Monat bei Tate's angefangen?"

„Ja, genau. Das ist seine zweite Woche. Wollen Sie, dass ich ihn hole? Er ist sicher hier."

„Noch nicht, Mr. Johnson. Ich hätte später vielleicht noch ein paar Fragen."

Als der Inspektor mit dem aufgewühlten Kellner fertig war, kam ein Beamter zu ihm.

„Die Berichte, Sir", sagte der Mann, „Kamen soeben herein." Parnacki nahm die Papiere nickend entgegen und blätterte sie durch. Auf einer Liste standen die bestellten Getränke: ein Krug, zu einem Viertel voll; ein Glas, halb voll; ein Glas, voll; eine Kaffeekanne, leer; ein Sahnekännchen, leer; ein Schälchen Honig, zu Zweidritteln voll und eine Kaffeetasse, leer.

Im Krug und in beiden Weingläsern befanden sich Spuren von Arsen. Seine Vermutung bestätigt, nickte Parnacki und blickte wieder hoch zu dem Beamten. „Wir müssen uns auf Elizabeth Hansen konzentrieren", erklärte er. „Bringen Sie sie zur Befragung herein."

Warum verdächtigt Parnacki Hansen?

TIPP:
DURST

Rätsellösung auf Seite 152

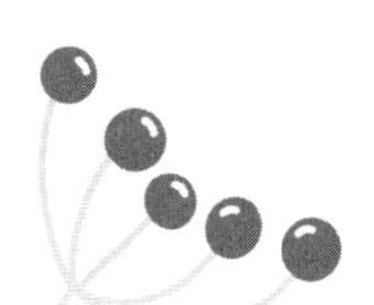

23

DER SCHUMMLER

Miss Miller stellte die Tasse Tee zurück auf die Untertasse und lehnte sich im Sessel zurück. Ihre Katze, Aubrey, sprang auf ihren Schoß und Miss Miller kraulte sie geistesabwesend. „Wenn jemand in Ihr Büro eingebrochen ist, müssten Sie dann nicht die Polizei informieren, Dean?"

Dean Harper war Professor für Zoologie an der Universität und langjähriges Mitglied im Ornithologenverband. Er schüttelte resigniert den Kopf. „Es handelt sich nicht um solch einen Einbruch. Man hat nichts Materielles gestohlen."

„Sondern etwas Immaterielles?"

Zu ihrer Überraschung nickte er. „Genau. Jedes Jahr bereite ich ein Extra-Examen für meine Topstudenten vor. Es ist sehr schwierig und jeder ist heiß darauf, es zu bestehen. Nur zwei Studenten in den letzten zwölf Jahren hatten diese Ehre und sind mittlerweile Juniorprofessoren. Als ich den Diebstahl entdeckte, war klar, dass nichts anderes angerührt wurde."

„Wann findet die Prüfung statt?"

„Morgen. Die Zeit reicht nicht, um ein neues Examen zu schreiben."

„Sie wollen den Schummler also entlarven. Aber es muss doch–"

„Vier, Mary. In diesem Jahr sind nur vier Studenten gut genug für dieses Examen."

„Verstehe", sagte Miss Miller. „Ich muss zugeben, dass mich etwas an diesem Examen reizt. Vielleicht spüren wir diesen mysteriösen Einbrecher ja auf. Hoffentlich ist es einer Ihrer Kandidaten, und kein Hobbyunternehmer, der sich etwas Geld dazu verdienen will, indem er die Fragen an alle verkauft."

„Großer Gott! Daran habe ich noch gar nicht gedacht", sagte Dean. „Halten Sie das für wahrscheinlich?"

„Ehrlich gesagt, scheint es nicht sehr rentabel ein Examen zu kommerzialisieren, das nur für vier Studenten, anstatt für hundert oder mehr potentielle Käufer, vorgesehen ist."

„Das ist bemerkenswert zynisch von Ihnen, Mary."

„Danke, mein Lieber."

Ungefähr eine Stunde später kamen die beiden an der Fakultät für Biologie an, wo sich Deans Büro befand. Es war ein langes, verziertes Backsteingebäude mit hübschen Blumenbeeten davor.

„Welches ist Ihres?", fragte Miss Miller.

Dean zeigte auf das vierte Fenster von rechts neben der großen hölzernen Eingangstür. Wie alle Fenster im Erdgeschoss war es hoch und breit. Das untere Drittel der Fenster war aus

Sichtschutzglas. Das obere Drittel über Kopfhöhe ging nach innen auf, damit man Luft in den Raum lassen konnte. Die Fensterrahmen waren in Blattgrün gestrichen. Tief orangefarbene Rhododendren blühten im Blumenbeet direkt und dem Fenster.

„Sehr hübsch", sagte Miss Miller. „Wollen wir hinein gehen?"

Dean führte sie ins Gebäude, vorbei an den Sekretariaten durch den langen Korridor in sein Büro. Im Inneren herrschte Chaos; Bücher und Papiere, wo man hinblickte. „Jetzt fragen Sie sich sicher, woher ich weiß, dass nichts anderes als das Examen angerührt wurde, oder?"

„Und Sie werden mir sagen, dass, auch wenn es nicht so aussieht, Sie genau wissen, wo was liegt", antwortete sie.

„Nicht genau. Aber ich würde es sehen, wenn etwas neu geordnet wäre. Und ich bin mir sicher, dass man hier keinen Stapel so einfach anfassen kann, ohne dass die Papiere alle auseinanderfliegen."

„Sicherheit durch Instabilität?"

Dean lachte. „So in etwa. Das Examen liegt in der Schublade." Er zog die Schreibtischschublade auf und nahm eine Papierrolle heraus. „Sie war nicht mehr eingerollt und das Siegel war gebrochen. Es war die Einzige. Auch wenn der Einbrecher sich die Zeit genommen hätte, andere Papiere wieder aufzurollen – und warum sollte er das tun? – hatte er keinen Zugriff auf mein Siegel." Er zeigte ihr eine andere Papierrolle, ordentlich zusammengerollt, mit einer roten Schleife versehen und einem weißen Wachssiegel verschlossen. „Also wusste er definitiv, wonach er suchte."

„Ich verstehe, was Sie meinen. Kann es sein, dass irgendeiner Ihrer Studenten Sie mit dem Examen gesehen hat?"

„Nicht offensichtlich. Ich arbeite nur an schriftlichen Arbeiten, wenn ich allein bin. In den Stunden, in denen ich den Studenten für Fragen zur Verfügung stehe, lege ich alle Dokumente sorgsam eingerollt beiseite."

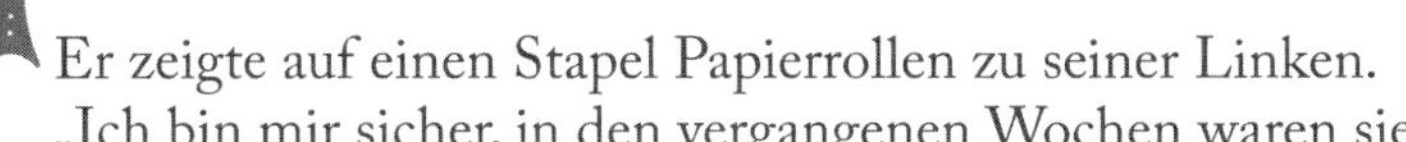

Er zeigte auf einen Stapel Papierrollen zu seiner Linken.

„Ich bin mir sicher, in den vergangenen Wochen waren sie alle einmal in meinem Büro, aber sie hätten das Examen nicht sehen können." Er drehte sich um und deutete auf das Sichtschutzglas im Fenster. „Mir über die Schulter gucken funktioniert auch nicht."

„Haben Sie vielleicht eine Idee, woher der Einbrecher wusste, wo er suchen muss? Haben Sie einen Hilfswissenschaftler?"

„Keinen Hiwi, keine Idee. Ich war absolut der Einzige, der wusste, welches Examen welches war."

„Und irgendwelche ungewöhnlichen Zwischenfälle? Sagen wir mal, mein unternehmungslustiger Student von vorhin brach hier ein und griff sich das falsche Examen, hatte aber keine Zeit mehr nach dem richtigen zu suchen? Dann wäre Ihre Schreibtischschublade sicher ein guter Platz zum Nachsehen, oder?"

„Der Einbruch fand irgendwann, nachdem ich gestern Abend gegangen und bevor ich heute Morgen gekommen bin, statt. Die Nachtwächter halten sich neben den Türen auf und gehen gelegentlich durch die Flure. Allerdings wäre man in meinem Büro sicher. Ich kann es mir nur schwer vorstellen, dass jemand das Risiko eines Einbruchs auf sich nimmt und dafür nur wenige Sekunden Zeit hat. Es dauert mindestens mehrere Minuten, ein Examen zu kopieren."

„Ich vermute, mit einem Komplizen hätte er mehr Zeit gehabt. Nehmen wir einmal an, einer Ihrer ehrgeizigen Studenten hat auch ein diebisches Talent fürs Einbrechen in Ihr Büro, während die Wache ihre Runde dreht, oder heuert einen Mitstudenten an, ihm zu helfen. Ich schätze, sie wohnen alle hier auf dem Gelände?"

Dean nickte. „Die aus dem dritten Jahr Biologie wohnen alle im Tatum House."

„Das heißt, ihre Alibis lauten im Grunde alle, dass sie allein im Bett lagen."

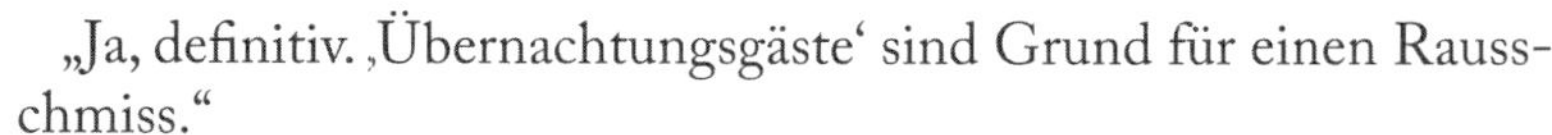

„Ja, definitiv. ‚Übernachtungsgäste' sind Grund für einen Rausschmiss."

„Haben Sie einen Verdacht?"

„Nein, ich fürchte nicht. Ich hätte niemals gedacht, dass einer der vier schummeln würde. Sie alle sind brillant und meistens sehr nett."

„Ich vermute, wir müssen persönlich mit ihnen sprechen, wenn das möglich ist", sagte Miss Miller.

Sie verließen das Büro. Dean schloss hinter ihnen ab. „Ich muss mir ein neues Schloss besorgen", murmelte er.

„Es gibt immer bessere Schlösser, aber auch immer bessere Diebe. Ein fest entschlossener Dieb kommt immer an seine Beute."

„Das ist ein beunruhigender Gedanke. Wollen Sie damit sagen, dass ich meine Prüfungen in Geheimschrift schreiben sollte?"

Miss Miller lächelte. „Wenn Sie sich dann besser fühlen. Aber in erster Linie empfehle ich Ihnen, bessere Sicherheitsvorkehrungen zu treffen, und sich nicht so viele Sorgen zu machen."

Dean warf ihr einen zweifelnden Blick zu. „Sie verunsichern mich heute sehr, Mary."

„Ich tue, was ich kann", antwortete sie fröhlich.

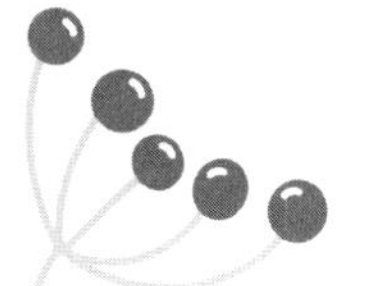

Das Tatum House war ein unscheinbarer Steinblock am Rande des Universitätscampus, das Platz für hundertzehn Studenten bot. Dean Harper blickte auf einen Zettel und führte sie zu dem Zimmer des ersten Studenten im ersten Stock. „Jacob Walters", sagte er als sie vor der Tür stehen blieben. „Interessiert sich sehr für Reptilien." Er klopfte laut an. Einen Augenblick später flog die Tür auf und ihnen stand ein schlanker, junger Mann mittlerer Größe mit Brille gegenüber. Er war sehr leger gekleidet, in einem weiten Hemd und einer Flanellhose. Beim Anblick von Dean bekam er große Augen. „Professor Harper! Ich … wie kann ich helfen? Ist alles in Ordnung?" Er warf Miss Miller einen kurzen Blick zu.

„Guten Tag, Jacob. Das ist Miss Miller. Sie würde Ihnen gerne ein paar Fragen stellen, wenn das in Ordnung ist."

„Natürlich." Jetzt blickte Jacob völlig verdutzt.

Miss Miller strahlte ihn freudig an. „Sagen Sie mir, Mr. Walters, was ist Ihr Vater von Beruf?"

„Er ist Goldschmied", sagte er perplex.

„Ausgezeichnet. Und wo würden Sie die Grenze zwischen Reptilien und Vögeln ziehen?"

„Bei dem Archaeopteryx natürlich, aber ich …"

Immer noch lächelnd steckte sie den Kopf durch die Tür, warf einen Blick in sein Zimmer und trat dann einen Schritt zurück. „Sie haben ein sehr unordentliches Zimmer, junger Mann. Vielen Dank für Ihre Zeit."

„Wir müssen jetzt gehen", erklärte Dean streng. „Danke, Jacob."

„Ich …" Der junge Mann schüttelte verwirrt den Kopf. „Natürlich. Guten Tag, Professor." Er ging zurück in sein Zimmer und schloss die Tür.

Dean warf Miss Miller einen neugierigen Blick zu.

„Wer kommt als nächstes?", fragte sie fröhlich.

Der nächste war Cameron Honeycutt, ein Zoologe und engagiertes Mitglied in der Leichtathletik-Mannschaft. Beim

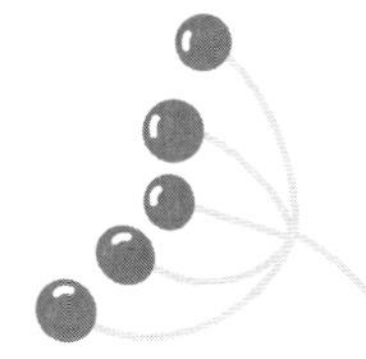

Heraustreten aus seinem Zimmer musste er sich ducken und er trug ein Sweatshirt und eine Jogginghose. Er war sehr schlank und trug einen buschigen Schnurrbart, der seinen Überbiss nicht ganz verdecken konnte. Er kaute auf der Unterlippe, als Dean ihm Miss Miller vorstellte.

„Wie viele Kinder hatte US-Präsident John Tyler?", fragte sie ihn herausfordernd.

„Fünfzehn", antwortete Cameron prompt. „Warum fragen Sie?"

„Ein Gedächtnistest", sagte sie.

„Und habe ich bestanden?"

„Allerdings, sehr beeindruckend. Haben Sie da drinnen zufällig einen Bleistift, den Sie mir leihen können?"

Cameron nickte. Er verschwand in seinem Zimmer und tauchte einen Augenblick später wieder mit einem angespitzten, neuen Bleistift in der Hand zurück, den er ihr überreichen wollte.

„Nein, danke", sagte sie. „Guten Tag."

Der nächste Student, Nicholas Nagel, wohnte im dritten Stock.

„Brillant, hat aber Probleme und ist dem Alkohol zugeneigt", lautete Deans Einschätzung. Er klopfte energisch an die Tür.

„Geh weg", rief Nagel sofort.

„Nicholas, hier ist Professor Harper", rief Dean.

„Ist mir egal, auch wenn Sie der Papst höchstpersönlich sind. Lassen Sie mich allein."

„Wir wollten nur–", hob Dean an.

„GEHEN SIE WEG!"

Dean zuckte mit den Schultern.

„Das ist in Ordnung. Wer ist der letzte?", fragte Miss Miller.

Alexander Cox wohnte im obersten Stockwerk. „Er ist fasziniert von Primaten", erzählte Dean Miss Miller. „Insbesondere Affen. Denkt, sie wären klüger, als man allgemein annimmt."

Er klopfte an der Tür.

Augenblicke später öffnete ein verträumter, übergewichtiger junger Mann die Tür. „Professor", begrüßte er sie kaum überrascht.

„Guten Tag, Alexander. Das ist Miss Miller. Sie würde Ihnen gerne ein paar Fragen stellen."

„Natürlich", sagte Alexander.

„Warum Affen, junger Mann?"

„Affen spielen einem nichts vor", antwortete er zögernd. „Sie sind einfach, wie sie sind."

Miss Miller nickte. „Und was ist mit Menschenaffen?"

Alexander schüttelte den Kopf. „Ich mag Menschenaffen nicht."

„Vielen Dank für Ihre Zeit", sagte sie.

„Nicht dafür." Alexander nickte Dean zu und schloss die Tür.

Während sie wieder hinunter zum Ausgang des Tatum Houses gingen, seufze Dean. „Nun, jetzt habe ich wohl einen sehr komischen Ruf hier."

„Im Gegenteil", sagte Miss Miller. „Ich weiß genau, wer Ihr Schummler ist."

Woher weiß sie das?

➡ Rätsellösung auf Seite 153

TIPPS:

DER EINBRECHER WUSSTE, WO DIE SCHRIFTLICHE PRÜFUNG ZU FINDEN WAR.

JACOB WALTERS HIELT LEGUANE.

CAMERON HONEYCUTT WAR BESONDERS GUT IM WEITSPRUNG.

NICHOLAS NAGELS VATER STARB, ALS ER NOCH SEHR JUNG WAR.

BEVOR ER SICH FÜR DIE ZOOLOGIE ENTSCHIED, WOLLTE ALEXANDER COX ASTRONOM WERDEN.

DER EINBRECHER HATTE HILFE BEIM AUF- UND ZUSCHLIESSEN VON PROFESSOR HARPERS BÜRO.

DIE NÖTIGE FÄHIGKEIT, DAS VERBRECHEN ZU BEGEHEN, WAR SCHON VOR DER ENTSCHEIDUNG ES ZU TUN DA, UND WURDE NICHT ERST HINTERHER ENTWICKELT.

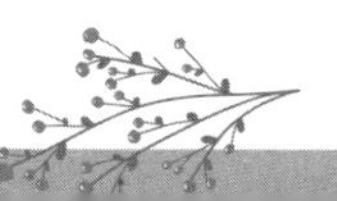

24

24

DER BANANENHANDEL

Carlos Reagan war ein kleinkrimineller Schmuggler, der hauptsächlich mit Rum handelte. Er und sein Partner, Ivoire Marks, waren immer noch auf freiem Fuß, weil niemand die Zeit fand, Beweise gegen die beiden zu sammeln. Andere Probleme waren immer wichtiger – bis zum Tag, als Marks tot in der Nähe einer schäbigen Kneipe, in der die beiden Stammgäste waren, aufgefunden worden war.

„Danke, dass Sie gekommen sind, Mr. Reagan“, sagte Parnacki. Carlos Reagan war ein schlaksiger, kleiner Mann in einem billigen Anzug mit Durchschnittsfrisur. Abgesehen von dem gaunerischen Zug um die Augen, sah er aus wie ein Börsenhändler.

„Nun ja, ich helfe dem Gesetz doch immer gerne, Inspektor.“

„Was für eine Beziehung hatten Sie mit Mr. Marks?“

„Wir waren Partner und Freunde. Kennen uns seit sieben Jahren, arbeiten seit fünf Jahren zusammen. Er war der perfekte Partner im Kampf.“

„Geraten Sie in viele Kämpfe?“

„Natürlich nicht“, sagte Reagan. „Das sagt man doch nur so. Wir waren aufrichtige Geschäftsmänner.

„Und was sind das für Geschäfte?“

„Bananenimport. Die Leute lieben Bananen. Gut für uns.“

„Allerdings. Wann haben Sie Mr. Marks zuletzt gesehen?“

„Wir hatten ein paar Drinks im Olive Grove am Dienstagabend.“

„Das war der Abend, an dem der Mord passierte?“

„Ja…“, er hielt inne, „ich hab's gesehen.“

Parnacki lehnte sich vor. „Sie haben es gesehen? Warum haben Sie es dann nicht selbst der Polizei gemeldet?“

Reagan seufzte und blickte ihn verschämt an. „Ich rannte weg, Inspektor. Ich dachte, er hätte es auch auf mich abgesehen. Ich tauchte unter. Fand die Nachricht Ihres Kollegen heute Morgen, als ich ein paar Sachen von zuhause holen wollte. Da dachte ich, das klügste wäre, wenn ich mit Ihnen spreche."

„Wenn Sie uns dabei helfen, den Mörder zu finden, haben Sie nichts zu befürchten."

„Nun, hier bin ich."

„Also, bitte erzählen Sie mir, wie der Dienstagabend ablief."

„Nun, wie gesagt waren wir im Olive Grove in der Sotton Street. Da hängen wir oft ab. Ive und ich sprachen über unsere nächste Lieferung, ähm, von den Bananen, und wo wir sie hin liefern würden. Eigentlich schlugen wir einfach die Zeit tot. Ich glaube, wir gingen gegen elf. Ich sagte zu Ive, dass er draußen vorne auf mich warten solle, weil ich noch kurz mit jemanden sprechen wollte, den ich in der Kneipe gesehen hatte. Ein Mädchen. Rebecca. Sie und ich gingen seitlich der Kneipe auf die Straße raus, um den Bürgersteig vorm Eingang nicht zu blockieren."

„Rebecca", hakte Inspektor Parnacki nach. „Hat sie auch einen Nachnamen?"

„Keine Ahnung. Ich denke schon."

„Dann ist sie wohl keine Freundin. Was war das zwischen euch beiden?"

„Ich, ähm, ich wollte nur mit ihr reden, verstehen Sie?"

„Nein, ich verstehe nicht."

Reagan sackte auf seinem Stuhl zusammen und seufzte tief. „Schauen Sie, ich versuche Ihnen hier zu helfen, Inspektor. Was ist nun mit der Ermittlung? Rebecca kann wirklich nett sein, wenn man sie in der richtigen Stimmung antrifft. Ich wollte ihr helfen, sie in die richtige Stimmung zu bringen. Ich wollte ein bisschen Gesellschaft. Das ist alles."

„Nun gut“, erwiderte Parnacki und machte sich eine Notiz. „Fahren Sie bitte fort.“

„Okay, gut. Nun, ich redete gerade mit Rebecca, als ich Minor auf Ive zugehen sah.“

„Minor?“

„Minor Cochran. Er ist ein ... nun, wir kennen ihn ein wenig. Er ist auch im Importgeschäft.“

„Ah ja“, sagte der Inspektor. „Mr. Cochran ist uns bekannt.“

„Ja. Deswegen achtete ich nicht auf ihn. Wie gesagt, wir kennen ihn. Plötzlich sehe ich einen Gegenstand aus Stahl aufblitzen und Ive fällt direkt aufs Gesicht. Das Blut strömte nur so aus ihm heraus, viel zu schnell, als dass man das überleben könnte. In der Zwischenzeit dreht sich Minor um und spaziert in aller Ruhe weg von der Kneipe. Ich ging die Straße herunter und wollte eine Flasche Whiskey kaufen und ein nettes, anonymes Hotel zum Pennen.“

„Können Sie sich vorstellen, warum Mr. Cochran Mr. Marks töten sollte?“

Reagan zuckte mit den Schultern. „Keine Ahnung.

Ich hörte, dass er expandieren und die Konkurrenz loswerden wollte. Deswegen habe ich mich versteckt."

„Die Konkurrenz im Bananenimport?"

„Ja, genau. Das ist ein hartes Geschäft."

„Scheint ganz so", sagte Parnacki. „Carlos Reagan, ich nehme Sie wegen Mordes an Ivoire Marks fest."

Warum glaubt Inspektor Parnacki, dass Reagan der Mörder ist?

TIPP:
SICHT

➡ Rätsellösung auf Seite 153

24

TOD AM KAMIN

Laut Taschenuhr kam Inspektor Parnacki genau um 20 Uhr 02 am Herrenhaus der Familie Blake an. Er klingelte und es dauerte nur einen Augenblick, bis ein Polizeibeamter ihm die Tür öffnete, was dem Butler hinter ihm scheinbar sehr missfiel.

„Guten Abend, Mr. Sullivan“, begrüßte Parnacki den Beamten und trat ein. „Wie ist die momentane Situation?“ Er stand in einem großen, geschmackvollen Eingangsbereich, von dem mehrere Flure weiter ins Haus hineinführten und mit einer mit Teppich ausgelegten Treppe, über die man in den ersten Stock gelangte.

„Guten Abend, Sir. Das Opfer ist das Oberhaupt der Familie, Victor Blake, 78 Jahre. Er wurde um 17 Uhr von einem seiner Söhne gefunden. Der Familienarzt, ein gewisser Atticus Braden, schätzt den Todeszeitpunkt auf kurz nach 15 Uhr. Dank ihm wissen wir, dass der alte Mann erstickt wurde. Die ganze Familie ist hier. Sie und das Personal, außer Perkins hier, sitzen im Wohnzimmer. McNeill ist bei ihnen.“

Der Butler versteifte sich, sagte jedoch nichts.

„Ich möchte mir den Tatort ansehen, aber Sie, Mr. Sullivan, bleiben hier an der Tür. Ich bin mir sicher, Perkins zeigt mir den Weg.“

„Selbstverständlich, Sir“, sagte der Butler widerstrebend.

Parnacki folgte dem Butler die Treppe hoch. „Können Sie mir die Namen der Personen geben, die sich heute im Haus aufhielten?“, fragte er.

Nach kurzem Zögern seufzte Perkins. „Mr. Blake hat vier Kinder, Inspektor. Lucas, Benjamin, Delilah und Julian. Alle vier sind gerade anwesend. Ohne ihre Familien. Lucas Ehefrau,

Ramona, und Delilahs Ehemann, Corwin Phillips, brachten jeweils ihre Kinder nach Hause, nachdem Mr. Blake gefunden wurde. Das Personal von heute sind die Köchin Mrs. Hess, zwei Dienstmädchen, Giselle Renton und Adelaide Morton, und ich. Es gibt noch zwei Besucher, den Familienarzt Atticus Braden und Mr. Blakes Anwalt Tyrone Bird. Es sind drei Polizeibeamten

da, Sie ausgeschlossen, Mr. Sullivan, McNeill und Jones. Ich habe bewusst die Namen von Mr. Blakes Enkelkindern ausgelassen, da keins älter als vierzehn Jahre ist. Genauso wie Ian Bates, den Gärtner, der heute nicht im Haus war. Mrs. Blake starb vor acht Jahren."

„Vielen Dank, Perkins, für die exakten Angaben. War Mr. Blake ein guter Arbeitgeber?"

„Das kann ich unmöglich kommentieren, Sir."

„Selbstverständlich. Dann lassen Sie es mich so formulieren: Können Sie sich vorstellen, dass jemand einen Groll gegen Mr. Blake hegte?"

„Nein, Sir", sagte Perkins, doch etwas schien ihn zu beschäftigen. Parnacki sagte nichts, und nach einer unangenehmen Pause, fügte der Mann hinzu: „Es ist allgemein bekannt, dass die Anwesenheit eines Anwalts nie ein gutes Omen ist."

„Allerdings", sagte Parnacki. „Zu diesem Schluss könnte jeder kommen."

Parnacki lächelte ihn kurz dankbar an und blieb dann vor einer schweren Holztür stehen, die von einem Polizisten bewacht wurde. „Hier ist Mr. Blakes persönliches Wohnzimmer, Sir. Ich warte hier auf Sie, um Sie zu den Familienangehörigen zu bringen, wenn Sie so weit sind."

„Danke, Perkins. Sie haben mir sehr geholfen."

„Es war mir ein Vergnügen, Inspektor."

Parnacki nickte Mr. Jones zu, öffnete die Tür und betrat ein gemütliches Wohnzimmer. Zwei Ohrensessel mit Filzbezug standen jeweils neben dem offenen Kamin, der voll von glühender Asche war. In einem Kohleimer stand ein Schürhaken. Die Leiche von Victor Blake befand sich im linken Ohrensessel und war von den Beinen bis zum Bauch in eine helle Wolldecke gewickelt. Parnacki hob die Augenlider an und bestätigte, dass die Augen des Opfers stark blutunterlaufen waren. Nase und

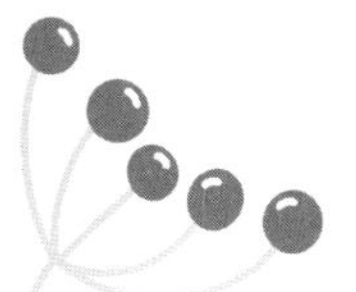

Lippen waren um einiges blasser als der Rest des Gesichts und in den Mundwinkeln befanden sich Blutflecken.

Parnacki sah sich kurz im Raum um, konnte aber kein Kissen finden, das wahrscheinlich verwendet wurde, um den alten Mann zu ersticken.

Er blickte nachdenklich zum Feuer mit der Asche darin, dann zu Blakes Schreibtisch. Alles darauf schien an Ort und Stelle zu liegen. Kein Zeichen von Unordnung. Neben der Tageszeitung lagen ein Stift, ein Tintenfass, ein Notizblock, Löschpapier, ein Lineal und ein kleiner Stapel Dokumente. Parnacki blätterte darin und fand nur Papiere, die den Haushalt betrafen – Konten, Wartungsdokumente und ein paar Bewerbungen. Zehn Minuten später führte Perkins ihn in den großen Salon. Der Polizeibeamte McNeill begrüßte ihn und stellte ihm die Familienangehörigen, das Personal und die Hausgäste vor. Nachdem sich Parnacki vorgestellt hatte, stand Delilah Phillips sichtlich genervt auf. „Für wie lange werden wir hier noch festgehalten?", fauchte sie. „Meine Kinder haben ihren Großvater verloren, sie brauchen mich jetzt."

„Das verstehe ich", sagte er. „Ich habe nur ein paar Fragen. Es wird nicht lange dauern. Gibt es einen kleinen Raum, in dem ich mit jedem von Ihnen unter vier Augen sprechen kann?"

Beleidigt setzte sich Delilah wieder hin.

„In der Kammer", sagte Lucas. „Perkins, würden Sie den Inspektor hinführen?"

„Hier entlang, Sir", sagte Perkins.

Die Kammer war ein kleiner Raum mit einer gut ausgestatteten Bar und weichen Sesseln. Parnacki machte es sich gemütlich und sagte Perkins, er solle Lucas schicken.

Lucas Blake war ein großer, gutaussehender Mann Anfang vierzig. In seinem feinen Outfit strahlte er ein entspanntes Selbstbewusstsein aus, trotz seines ernsten Gesichtsausdrucks.

„Mein Vater war im Begriff zu sterben, Inspektor", sagte er zu Parnacki. „Nur Delilah und ich wussten davon, er hatte nur noch sechs Monate zu leben. Krebs. Wenn der Mörder nur ein bisschen länger gewartet hätte, hätte er sich das Ganze sparen können. Vater war reizbar und hatte Angst vor dem Tod, aber er war ein guter Mann und vernarrt in seine Enkelkinder. Ben und Julian behandelte er strenger als Delilah und mich – er fand, es wäre längst an der Zeit zu heiraten. Heute Nachmittag? Ramona und ich aßen mit Delilah und Corwin zu Mittag. Dann machten wir einen Spaziergang mit den Kindern. Nach ein paar Stunden Enten und Eichhörnchen jagen, lasen Delilah und Romana den kleinen Monstern Geschichten vor, während Corwin und ich Billard spielten. Als er zurück zu den Damen ging, las ich eine Weile. Ich war gerade fertig, als ich die Schreie hörte."

Benjamin Blake war etwas kleiner als sein großer Bruder und nicht ganz so fein gekleidet wie er. Doch auch er strotzte vor Selbstbewusstsein. „Armer Vater. Ich kann mir nicht vorstellen, wer ihn umbringen wollte. Ich fand ihn und schlug Alarm. Ich sah sofort, dass etwas nicht mit ihm stimmte. Aber er hatte ein gutes Leben. Wenn die Neffen und Nichten da sind, bleibe ich lieber nicht im Haus, also machte ich einen langen Spaziergang. Nur mein und Julians Treffen mit Tyrone hielt mich davon ab, im Club zu versacken. Er hilft uns beiden bei der Verwaltung von ein paar gemeinsamen Investitionen. Es ging von 15 bis 17 Uhr. Ich kam pünktlich von dem Spaziergang zurück, um direkt zum Treffen zu eilen. Anschließend sah ich nach Vater."

Delilah Phillips war sichtlich verärgert, doch die schlechte Laune konnte ihr ungestümes Wesen und ihren Charme nicht vollständig verbergen. „Ich nehme an, Lucas hat Ihnen von Papas Krankheit erzählt? Ich habe nicht die geringste Ahnung, wer ihn aus dem Weg schaffen wollte. Er lieferte sich gelegentlich

Stierkämpfe mit all meinen Brüdern, aber er war immer tolerant. Ich finde es grausam, einem Großvater seine verbleibende Zeit mit seinen Enkeln zu stehlen. Sie sind ziemlich verstört, wie Sie sich sicher vorstellen können. Wir waren zusammen mit Ramonas Brut den ganzen Morgen bei ihm. Als wir zu Mittag essen wollten, ging er hoch, um sich auszuruhen. Anschließend gingen wir nach draußen, damit die Kinder sich austoben konnten und danach erzählten Ramona und ich ihnen Geschichten. Wir wissen alle, dass Papa nicht gestört werden will, wenn er sich ausruht, aber ich begann mir Sorgen um ihn zu machen, als Ben plötzlich kam, um uns die Nachricht zu überbringen. Dr. Braden war innerhalb einer Stunde hier und sagte, die Polizei müsse benachrichtigt werden. Das war vor über zwei Stunden."

Julian Blake sah angespannt aus. Mit Anfang dreißig war er der Jüngste der Geschwister. „Ich hatte ein Treffen mit Tyrone Bird, unserem Anwalt", erzählte er. „Es fing um 15 Uhr an. Benjamin hatte es veranlasst. Wir sprachen mehrere Stunden lang über unser jeweiliges Anlagevermögen bis ins kleinste Detail. Das muss irgendwie von Lucas auf ihn abgefärbt sein, da er normalerweise nicht so interessiert an so etwas ist. All das regelt sowieso Tyrone. Anschließend ging Benjamin nach oben, um Vater zu rufen, weil Tyrone noch mit ihm sprechen wollte. Ich ging hinter ihm her, weil ich noch ein Detail mit ihm besprechen wollte, Benjamin meine ich. Er stand mit weit aufgerissenen Augen in Vaters Zimmer. Es war äußerst heiß darin, kann ich Ihnen sagen. Armer Papa. Ich dachte, er wäre unzerstörbar. Heute Morgen? Was, warum?" Er zögerte. „Ich war die ganze Zeit über bis zum Treffen in meinem Zimmer. Natürlich war ich allein. Was wollen Sie mir unterstellen?"

Dr. Braden war Ende fünfzig, ein beleibter Mann mit einem beeindruckenden Schnurrbart. „Victor hatte Krebs. Er hatte nicht mehr viel Zeit. Ehrlich gesagt, hatte er Glück, so schnell aus dem Leben zu treten – Krebs ist keine freundliche

Krankheit. Ja, ich kam gegen 18 Uhr hier her. An Augen und Gesicht konnte ich erkennen, dass Asphyxie die Todesursache war. Die Körpertemperatur war fast normal, also musste er zwei, vielleicht zweieinhalb Stunden tot gewesen sein. Ich bin mir sicher. Nein, sein Gesundheitszustand legte keine natürliche Asphyxie nahe."

Tyrone Bird war ein kleiner, zierlicher Mann mit einer großen Brille.

„Ich kam auf Anfrage von Benjamin Blake um 14 Uhr 53 zum Herrenhaus. Acht Minuten später traf ich Benjamin und seinen Bruder Julian in der Kammer. Wir sprachen über private Angelegenheiten der Brüder. Dieses Gespräch dauerte genau zwei Stunden und zehn Minuten. Ich wollte noch kurz mit Victor Blake sprechen, um mir den Weg morgen zu sparen. Benjamin wollte ihn holen und Julian folgte ihm. Dann erfuhr ich, dass Victor tot war. Morgen? Nun, ich schätze, jetzt darf ich es Ihnen sagen. Er wollte Änderungen am Vermächtnis besprechen. Ich weiß nichts Genaueres."

Mrs. Hess, die Köchin, war eine große, korpulente Frau mit feurigem Blick. „Ich war in der Küche. Wo sollte ich sonst sein? Ja, den ganzen Tag. Adelaide Morton war fast den ganzen Nachmittag bei mir, um genug Leckereien für die Kinder vorzubereiten. Nein, mir ist nichts ungewöhnliches aufgefallen."

Giselle Renton war eins von Blakes Dienstmädchen. Sie war eine gertenschlanke Neunzehnjährige mit einem blassen, herzförmigen Gesicht. Ihre Hände zitterten während sie sprach und sie blickte starr nach unten. „Ich räumte das Haus auf, Sir. Ja, den ganzen Tag. Es gibt viel aufzuräumen: Betten, Schränke, Mäntel, Tische, Kleiderschränke … Nein, ich sah niemanden bis zum Nachmittag als die Damen den Kindern vorlasen. Wie gesagt, ich räumte auf."

Adelaide Morton war das andere Dienstmädchen. Sie war ein paar Jahre älter als ihre Kollegin, hatte dunkle, schwarze Locken und einen stechenden Blick. „Heute Morgen bewirtete ich Mr. Lucas und Mrs. Delilah und ihre Familien. Giselle habe ich nicht gesehen. Wie so oft in letzter Zeit, wenn Mr. Julian da ist. Aber ich bin mir sicher, sie hatte viel zu tun. Ich half Mrs. Hess beim Mittagessen kochen und blieb dann den Rest des Nachmittags bei ihr, erst um alles wieder aufzuräumen und dann, um die Kinder mit ausreichend Essen und Wasser zu versorgen."

Schließlich rief Parnacki Perkins wieder herein. „Ich war, wo man mich brauchte, Sir. Ich teilte meine Zeit zwischen den einzelnen Familienmitgliedern auf. Zwischen 14 und 15 Uhr war es sehr still

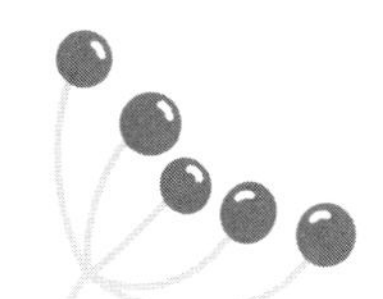

im Haus, also aß ich selbst zu Mittag. Luke und Delilah verbachten den Tag mit ihren Familien. Den Morgen verbrachte Mr. Blake mit ihnen zusammen. Julian war bis zu dem Treffen in seinen Räumen. Benjamin verließ das Haus früh und kam pünktlich zum Treffen zurück. Mrs. Hess und Miss Morton waren in der Küche und Miss Renton tauchte wieder auf, als das Treffen anfing."

„Vielen Dank, Perkins", sagte der Inspektor. „Ich denke, ich habe alles, was ich brauche, um den Hauptverdächtigen zu ermitteln – und keine Angst, ich weiß, dass es in diesem Fall nicht der Butler war."

Wen verdächtig Parnacki und warum?

TIPPS:

ADELAIDE MORTON MOCHTE GISELLE RENTON NICHT.

DER GÄRTNER, IAN BATES, KÖNNTE EINE HILFREICHE ZEUGENAUSSAGE MACHEN.

DAS KAMINFEUER IN VICTORS ZIMMER WAR VON BEDEUTUNG.

JULIAN BLAKE VERBRACHTE DEN MORGEN UND MITTAG IN GESELLSCHAFT.

NICHT ALLE DER EHRLICHEN ZEUGENAUSSAGEN WAREN EXAKT.

DER MÖRDER HANDELTE ALLEIN.

➲ Rätsellösung auf Seite 154

DER VOGELBEOBACHTER

Miss Miller erwartete nicht viel von Mike Rathbones Party. Mike war ein engagiertes Mitglied im Ornithologenverband der Stadt, aber darüber hinaus wusste sie wenig über ihn. Er und seine Frau Lorraine lebten in einem hübschen Häuschen in einem ruhigen Stadtteil. Der Garten war riesig und in mindesten sechs Bäumen hingen Vogelhäuschen. Es waren mehrere Vogelbeobachter gekommen, unter anderem Alison Householder, die sie schon seit Monaten nicht mehr getroffen hatte. Die beiden unterhielten sich im Wohnzimmer, als plötzlich ein gellender Schrei aus dem oberen Stockwerk alle zum Schweigen brachte. Eine Frauenstimme schrie nach Hilfe und alle Gäste liefen die Treppe hoch. Auf dem Absatz vor dem Badezimmer kniete sich Rebecca Hood über ihren Ehemann Martin, der bewusstlos auf dem Boden lag, am Hinterkopf eine böse Wunde, die blutete. Alle sammelten sich erschrocken um die beiden. Er atmete normal und sein Outfit saß immer noch perfekt, aber er brauchte dringend einen Arzt.

„Rebecca", sagte Miss Miller laut. Die Frau sprang erschrocken auf, sodass der Tisch hinter ihr wackelte und die Vase darauf einen Riss bekam. „Er muss sofort ins Krankenhaus."

Sie blinzelte. „Ja, natürlich. Ins Krankenhaus."

Die beiden stärksten Männer auf der Party waren Mike und Willis McGee, dessen Ehefrau zum Verband gehörte. Miss Miller deute auf sie und sagte: „Meine Herren, bringen Sie ihn nach unten ins Auto und zum Krankenhaus. Sie können meins nehmen."

„Ich fahre ihn", stellte Rebecca sofort klar. Sie blickte misstrauisch in die Runde. „Wir sind mit dem Auto da. Ich weiche nicht von seiner Seite."

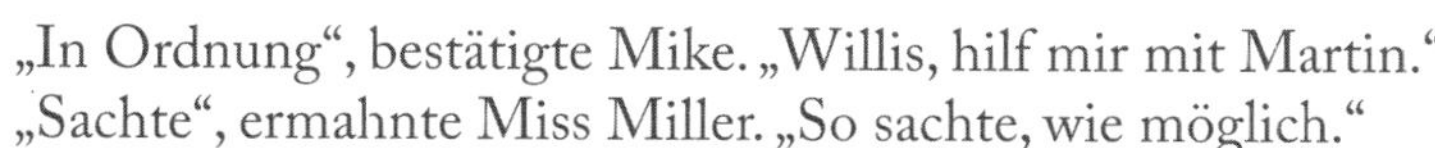

„In Ordnung", bestätigte Mike. „Willis, hilf mir mit Martin."

„Sachte", ermahnte Miss Miller. „So sachte, wie möglich."

Die Männer trugen Martin vorsichtig die Treppe herunter. Rebecca lief direkt hinter ihnen, gefolgt von der restlichen Gruppe. Miss Miller lauschte aufmerksam, konnte aber nur die Geräusche der Leute um sie hören – Rebeccas Schniefen, ein Husten, wie sich ein Riegel schloss, und Martins angestrengten Atem. Nachdem Rebecca mit Martin weggefahren war, versammelten sich alle anderen im Wohnzimmer. Miss Miller zählte schnell durch. Sie waren vollzählig – Mike und Lorraine Rathbone, Zettie und David Moses, Willis und Gertie McGee, Alison Householder und Tillmann Symes.

„Ich sehe oben nach, ob da jemand ist", kündigte Mike an.

„Nimm jemanden mit", antwortete Miss Miller.

„Ich komme mit", erklärte sich Willis bereit.

David Moses nickte. „Tillmann und ich sehen uns hier unten um."

Die beiden Paare zogen jeweils los, um sicherzustellen, dass keine Einbrecher im Haus waren.

„Nun, meine Damen", sagte Miss Miller. „Wer kann mir mehr über Martin Hood erzählen?"

„Ich habe ein paar Mal mit ihm gesprochen", antwortete Zettie Moses.

„Ich auch", sagte Alison.

Gertie und Lorraine schüttelten den Kopf.

Miss Miller nickte. „Und hat eine von euch erst kürzlich mit ihm gesprochen?"

„Wieso fragst du das, Mary?", fragte Alison.

„Jemand muss dem armen Kerl auf den Kopf geschlagen haben", stellte Miss Miller fest. „Wenn das nur irgendein dahergekommener Einbrecher gewesen wäre, hätte er zumindest Martins Taschenuhr oder Portemonnaie gestohlen, oder? Wir wissen nicht, was passiert ist, bevor wir den Schrei gehört haben. Vorher

habe ich Martin fünf Minuten lang nicht mehr gesehen. Genug Zeit für jemanden, in ein Haus, in der gerade eine Party stattfindet, einzubrechen und die Taschen eines bewusstlosen Mannes zu durchwühlen. Vielleicht ging es also um etwas Persönliches?“

Lorraine blickte sie erschrocken an. Alison wurde blass.

„Ich traf ihn vor ein paar Tagen im Hirschpark. Er machte einen normalen Eindruck. Fröhlich. Er verkauft Landgrundstücke und erzählte, das Geschäft liefe gut. Wir sprachen über ein Grundstück, das er erst vor kurzem verkauft hatte, eine alte Farm am Fluss im Westen der Stadt. Er hatte dort Eisvögel gesichtet und wollte am Sonntag wieder hinfahren, um sie sich anzusehen, und die Geschäfte als Ausrede zu benutzen. Er schien unbesorgt. Er fragte nach David, ich fragte nach Rebecca. Das war alles.“

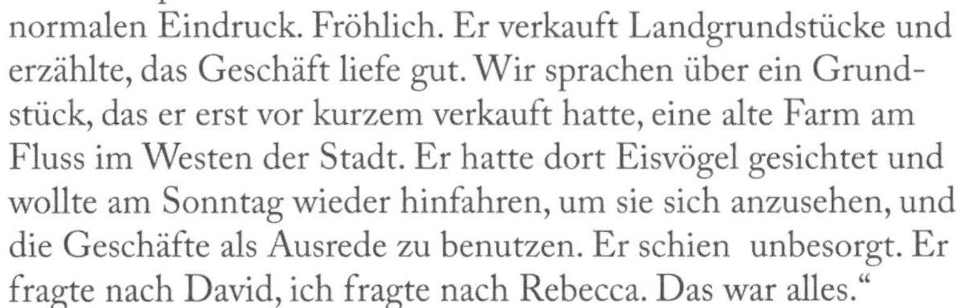

„Ich sprach vor längerer Zeit mit ihm“, erzählte Alison. „Ich traf ihn vor ein paar Wochen zufällig auf einer Auktion und wir unterhielten uns kurz. Das ist alles. Wenn ihn irgendetwas bedrückt hat, konnte er es gut verstecken. Ich hatte natürlich kein Interesse daran, meine Nase in seine, vielleicht zwielichtigen, Angelegenheiten zu stecken.“

Gertie zuckte mit den Schultern. „Ich habe heute Abend mit ihm gesprochen. Ganz normaler Small-Talk. Er machte nicht den Eindruck, besorgt zu sein, dass ein mysteriöser Angreifer plötzlich aufspringt und ihn attackiert.“

„Das ist einfach nur schrecklich“, erklärte Lorraine. „Ich will es mir kaum vorstellen. Ein Unhold, der in mein Zuhause einbricht und den armen Martin angreift!“

Sie erschauderte. „Was, wenn er zurück kommt?"

„Das ist sehr unwahrscheinlich", erwiderte Miss Miller. „Ein Dieb versucht es selten ein zweites Mal – und wenn er es auf Martin abgesehen hat, gibt es doch keinen Grund für ihn, wieder hierher zukommen, richtig?"

„Das stimmt." Lorraine verschränkte verängstigt die Arme.

Mike und Willis kamen etwas staubig wieder ins Wohnzimmer. „Kein Zeichen von Unordnung", berichtete Mike. „Wir haben in alle Schränke, unter alle Betten, überall geguckt, wo sich ein Mann verstecken könnte. Nichts."

„Genau wie hier", bekräftigte David, als er und Tillmann wiederkamen. „Kein Einbrecher im Erdgeschoss. Er muss sich schon aus dem Staub gemacht haben."

„Ja", bestätigte Mike. „Das Fenster in einem der Schlafzimmer stand weit offen. Wir haben es immer zu, also muss er wohl daraus entkommen sein. Der Schürhaken des Kamins in dem Zimmer liegt auch auf dem Boden, daher vermute ich, dass er Martin damit angriff."

„Fehlt oben irgendetwas, Mike?", fragte Miss Miller. „Und wie ist er ins Haus gekommen?"

„Nein, es scheint nichts zu fehlen. Ich habe natürlich nachgesehen, ob Lorraines Schmuck noch da ist und auch andere wert-

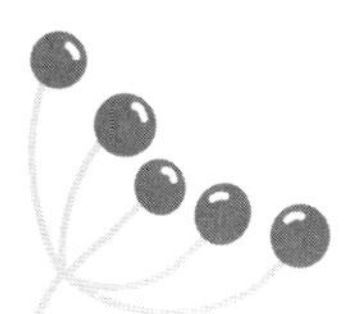

volle Gegenstände. Leider hat die russische Vase von meinem Vater einen Riss bekommen, aber alles ist noch da."

„Der Einbrecher ist wahrscheinlich dagegen gestoßen, während er Martin angriff", sagte David. „Natürlich kennen Tillmann und ich uns nicht so gut im Haus aus, aber das Küchenfenster war nicht verschlossen. Es stand nicht offen, aber er könnte es problemlos aufgestoßen haben und die Treppe hochgegangen sein, um durch das Haus zu schleichen, während wir alle im Wohnzimmer waren. Martin muss ihm zufällig auf dem Weg ins Badezimmer begegnet sein, der ihn dann einen Schlag verpasste und durch das offene Fenster im Schlafzimmer floh."

„Das ist gut möglich", stimmte Mike zu. „Vermutlich überraschte Martin ihn, bevor er etwas Schlimmes anrichten konnte. Ich hoffe, er muss dafür, dass er schlimmeres für uns alle verhindert hat, nicht zu viel leiden."

„Wird er wieder gesund?", fragte Zettie.

„Davon gehe ich aus", sagte Mike.

„Schwer zu sagen", warf Mary ein. „Bewusstlos geschlagen zu werden, ist eine gefährliche Sache. Nicht alle überleben das."

„Mary!" Lorraine blickte sie völlig erschüttert an.

„Es tut mir sehr leid, meine Liebe, aber das ist die Wahrheit."

Tillmann nickte. Er sah blass aus.

„Als wir noch Kinder waren ist ein Cousin von mir mit dem Kopf gegen einen Baum gerannt. Ich weiß nicht mehr, was er beweisen wollte, aber in dem Moment fanden wir das ziemlich witzig. Er wachte nicht auf, also holten wir Hilfe. Er kam nie wieder zu Bewusstsein. Drei Wochen später haben wir ihn beerdigt."

„Mein herzliches Beileid", sprach Miss Miller aus. „Das muss schrecklich gewesen sein."

Tillmann nickte wortlos.

„Wir sollten uns alle auf eine Polizeiermittlung einstellen", kündigte Miss Miller an. „Hoffentlich keine Mordermittlung,

aber … ich schlage vor, jeder nimmt sich die Zeit, in Gedanken die Ereignisse des Abends zu ordnen, bevor wir weiter darüber sprechen. Die Polizei wird dankbar sein über präzise Erinnerungen und Details.“ Sie ließ den Blick über die Gruppe schweifen. Tillmann und Mike sahen sauer aus. David, Lorraine, Alison und Zettie waren alle blass. Gertie und Willis tauschten einen misstrauischen Blick aus. „Lorraine, was hältst du davon, wenn wir beide ein paar Drinks mixen? Ich denke, wir könnten jetzt alle einen für die Nerven gebrauchten.“

Lorraine nickte stumm. Miss Miller legte ihr einen Arm um die Schultern und führte sie in die Küche. Sobald sie aus dem Zimmer waren, sagte sie zu ihr: „Du musst jetzt stark sein, Liebes. Ich hole einen Polizisten. Sag ihnen, ich bin mir die Nase pudern oder so, aber pass auf, dass keiner verschwindet. Wir können noch nicht sagen, ob es sich hier um versuchten Mord oder Mord handelt, aber der Täter befindet sich im Wohnzimmer. Bleib ruhig, dann kann nichts passieren.“

Wen verdächtigt Miss Miller und warum?

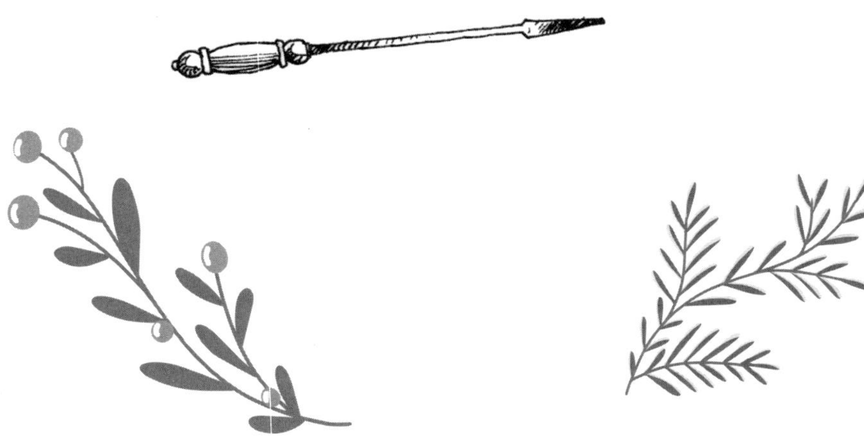

TIPPS:

MIKE RATHBONE WAR ES UNGLAUBLICH PEINLICH, DASS JEMAND AUF SEINER EIGENEN PARTY VERLETZT WURDE, UND SAH ES ALS EINE TIEFE PERSÖNLICHE KRÄNKUNG.

LORRAINE RATHBONE HATTE MARTIN VOR DER PARTY NOCH NIE GESEHEN.

MARTIN HOOD WOHNTE NUR NOCH IN DER STADT, WEIL REBECCA DAS LANDLEBEN LANGWEILIG UND MUFFIG FAND.

REBECCA HEGTE EINE ABNEIGUNG GEGEN DIE NATURLIEBE IHRES MANNES.

DAVID MOSES KAM NIE WIRKLICH ÜBER SEINE ERSTE LIEBE, ADELE, HINWEG, DIE IHN EINES NACHMITTAGS OHNE ERKLÄRUNG VERLIESS.

ZETTIE MOSES WAR IMMER OFFEN UND GESPRÄCHIG, WAS SIE ABER GROSSE ÜBERWINDUNG KOSTETE.

WILLIS MCGEE VERLOR BEI EINEM IMMOBILIENG-ESCHÄFT MIT MARTIN EINE ERHEBLICHE SUMME GELD.

GERTIE MCGEE FAND, DASS MARTIN EIN IDIOT WAR.

ALISON HOUSEHOLDER HATTE MISS MILLER AKTIV GEMIEDEN.

TILLMAN SYMES WAR EIN SCHÜCHTERNER BÜCHERWURM.

Rätsellösung auf Seite 154

1. Der Held ....Seite 10

Als sich die Männer begrüßen, weiß Allison, dass Josh ihm nicht die Hand schütteln kann, obwohl der vorher nichts davon erwähnt hat. In Wirklichkeit konnte Allison noch etwas sehen – nicht hundert Prozent, aber genug, um den Alltag zu bewältigen. Die *Sentinel* erwähnte diese Tatsache nicht, und falls die anderen Zeitungen Bescheid wussten, ließen sie sie auch aus. Der Vater des kleinen Mädchens gab Allison einen Job in dem Hotel, das er managte, wo er bis zur Rente arbeitete.

2. Der Angriff ....Seite 13

Der Angreifer, der Philip von hinten attackierte, und dann flüchtete, hatte dem Geschäft die ganze Zeit den Rücken zugekehrt. Monroe bestätigte sogar, dass er das Gesicht des Mannes nie gesehen habe. Woher wusste er also, dass er eine blaue Krawatte trug? Unter eingehender Befragung gestand er, dass der Mann bereits vorher auf ihn zugekommen war und ihn zwingen wollte, das Geschäft gegen Bargeld zu verkaufen. Monroe war geneigt, auf den Deal einzugehen, äußerte jedoch Bedenken, dass Phillip dem nicht zustimmen würde, woraufhin ihm der Mann befahl den Mund zu halten und ihm sagte, er käme bald wieder. Der Angreifer wurde nie gefasst und auf beide Männer gab es keine Übergriffe mehr.

3. Die wertvollen Flöten ....Seite 16

James Harrell ist der Dieb. Er ist kein echter Krimineller, nur ein Mann in finanziellen Schwierigkeiten, der, als ihm klar wurde, wie wertvoll die Flöten waren, die Gelegenheit ergriff, all seine Geldprobleme auf einmal zu lösen, ohne den Plan zu durchdenken. Trotz seiner Begeisterung für Macbeth befanden sich die Eintrittskarten in einwandfreiem Zustand, nicht abgeknickt oder auf andere Weise entwertet.

4. Der Mord an Miss Wightman ....Seite 19

Rachaels Cousin, Irvin, behauptete, er hätte zur Tatzeit des Mordes im Bus im Stau gesteckt, aber die Busfahrer streikten an dem Tag. Er lügt also. Nachdem

Josh seine Kontaktperson bei der Polizei darüber informierte, wurde Irvin festgenommen, woraufhin er sofort ein Geständnis ablegte. Er war seit Jahren unsterblich in seine Cousine verliebt und hatte sich endlich durchgerungen, ihr einen Antrag zu machen. Auf ihre vehemente Ablehnung hin, sei er ausgerastet.

5. Raub bei Bisbury's .... Seite 21

Alle vier Männer haben auf den ersten Blick ein Alibi für den Abend, und trotz der offenkundig unmoralischen Gesinnungen, belastet sich keiner in seiner Aussage. Die Kuh in *Der Zauberer von Oz*, die Gene Reynolds, erwähnt, gibt es wirklich. Allerdings steht genau unter dem Safe ein Stuhl, obwohl es für ein normalgroßes Büro üblich wäre, beide Besucherstühle vor dem Schreibtisch stehen zu haben. Nur ein Mitarbeiter ist so klein, dass er einen Stuhl benötigt, um an den Safe zu kommen – Marius Morse. Als man ihn darauf aufmerksam machte, fing Morse an herumzupoltern und wurde ordnungsgemäß wegen des Verdachts auf Diebstahl festgenommen. Später gestand er und das Geld wurde unter seinem Bett gefunden. Thomas Lane wurde nicht gefeuert, kündigte aber und gründete seine eigene Landschaftsgärtnerei.

6. Der Räuber .... Seite 26

Peter Davey behauptet, er habe den Schnapsladen durch die Seitentür betreten, was aber unmöglich ist, da diese von einem Regal verstellt ist. Er muss also lügen und der Zeitpunkt der Schüsse und die Aussagen der anderen Männer lassen darauf schließen, dass er nur im Laden gewesen sein kann, wenn er der Mörder war. Als man vor seinem Haus in einem Müllcontainer eine Waffe fand, gestand er den Raubüberfall. Er war mit seiner Ladenmiete im Zahlungsrückstand und benötigte dringend Geld. Er tötete Tom, damit dieser ihn nicht identifizieren konnte.

6. Die Goldene Hirschkuh .... Seite 30

Buddy Cross irrte sich mit dem, was er angeblich sah; immerhin blickte er nur einmal kurz in den Spiegel. Es gab keinen Zettel – es handelte sich um das Tattoo auf Rubin Wilsons rechtem Handrücken. Wilson kam ganz normal gegen 21 Uhr ins Restaurant, während Merle Wheeler gerade nicht in der Nähe des

Eingangs war und sich um die Gäste kümmerte. Er schlenderte durch zu den Toiletten, ohne dass ihn jemand bemerkte. Dann wartete er bis die meisten Leute gegangen waren (also bezahlt hatten), bevor er sich die Maske überzog und Murray Blevins, als der abgelenkt war, angriff. Eine Woche zuvor kam er mit seiner Freundin zum Essen, um das Restaurant auszukundschaften. Der Ausgang zur Straße war frei, sobald die Kellner mit den Gerichten aus der Küche kamen. Als man ihm die Waffe und die Maske vorlegte, gestand er.

7. Der Uhrmacher .... Seite 38

Eli nennt den älteren Jennings mehrmals seinen Onkel Nick, doch die Initialen des Uhrmachers lauten J. L. In Wirklichkeit hat Eli Jacob Jennings hinten im Geschäft festgebunden und war gerade dabei, ihn über dessen Waren auszufragen, als Miss Miller hereinkam. Eli drohte Jennings still zu sein, andernfalls würde er der Kundin etwas antun. Anschließend fragte er ihn nach seinem Namen. Jacob log in der Hoffnung, der Person, die gerade ins Geschäft gekommen war, einen heimlichen Hinweis zu geben. Eli versuchte Miss Miller eine Uhr zu einem günstigeren Preis zu verkaufen, teils, um sich als Verkäufer zu geben, teils, um etwas Geld von ihr einzuheimsen. Der Polizist kam rechtzeitig, bevor etwas Schlimmeres passieren konnte. Später kaufte Miss Miller Jacob die Tischuhr zum vollen Preis ab.

8. Die Kette .... Seite 41

Sobald Parnacki auch nur leichtes Gewicht auf die Leiter ausübt, versinkt diese im Schnee. Falls irgendjemand sie hoch geklettert sein sollte, wäre sie bereits komplett bis zum Anschlag im Schnee versunken. Das bedeutet, dass es keinen Einbrecher gab. Einzig Jackson Stone hatte die Gelegenheit. Er stellte die Leiter auf, als er vorgab ins Badezimmer zu gehen, „entdeckte" sie dann und ließ die Kette verschwinden, während er vorgab oben nach dem Dieb zu suchen. Die Geschäfte liefen seit Jahren schlecht und der Verkauf eines solchen Schmuckstücks brachte selten den vollen Wert ein. Sein Plan war, die Versicherung um den Nennwert der Kette zu betrügen und sie dann für wie viel Geld auch immer zu verkaufen. Er stritt alles ab, doch die Kette wurde am nächsten Morgen im Schnee gefunden, und es wurde nie wieder über den Vorfall geredet.

9. Unter Verdacht .... Seite 45

Jemand will das Lawrence-Projekt zum Scheitern bringen – aber nicht Clayton Hendricks. Das Gebäude besteht zum jetzigen Zeitpunkt nur aus einem Gerüst und das seit über einer Woche. Man kann also leicht hindurchsehen. Doch als Clayton ankam, wurden gerade Schutzplanen darübergelegt. Da der Pausenraum auf der gegenüber liegenden Seite des Büros auf der Baustelle liegt, hätte der Bauarbeiter die Bürotür gar nicht sehen können, geschweige denn, Clayton beim Betreten identifizieren. Tatsächlich wurde der Bauarbeiter dafür bezahlt, die Bauarbeiten zu behindern, und zwar von denselben Leuten, die die Zulieferer gezwungen haben, abzuspringen. Er sah Clayton und den Bauleiter ins Büro gehen und wieder herauskommen, rannte dann hinein und stahl die Pläne für seinen echten Arbeitgeber. Clayton schien der perfekte Sündenbock zu sein. Deswegen suchte der Bauarbeiter den Bauleiter auf und erzählte ihm die ausgedachte Geschichte. Zu Claytons Glück war der Bauarbeiter so daran gewöhnt, aus dem Pausenraum, das seitliche Büro zu sehen, dass er vergaß, dass dies an dem Nachmittag nicht möglich war. Als Clayton und Miss Miller wieder beim Bauleiter ankamen, hatte der Bauarbeiter seinen Fehler schon erkannt und war verschwunden.

10. Das Schmuckgeschäft .... Seite 48

Mr. Baldwin wurde angeblich schwer auf den Kopf geschlagen und stand kurz vor einer Ohnmacht – aber trotzdem weiß er, dass der Dieb einen Sack aus Seide bei sich hatte? Er muss lügen. Hinzu kommt, dass, wenn er angeblich so schwere Kopfverletzungen hatte, er mehrere Stunden ohnmächtig war, er in einem viel schlechteren Zustand im Krankenhaus liegen würde. Baldwin hat den Überfall inszeniert, um das Geld der Versicherung zu kassieren und hat versucht, die Schuld einem seiner armen Angestellten in die Schuhe zu schieben.

11. Der Vinson-Skandal .... Seite 52

Beauchamp behauptet, der Polizist habe braune Augen gehabt. Vorher sagt er jedoch, dass der Mann eine dunkle Sonnenbrille trug. Da er ebenfalls behauptet, der vermeintliche Dieb „kam genauso wie vorher“ aus dem Haus heraus, änder-

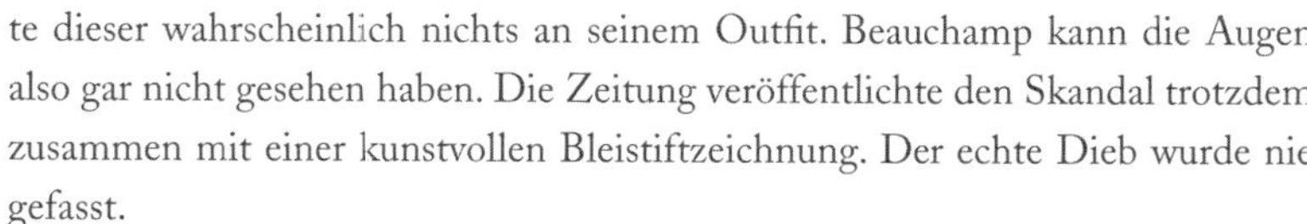

te dieser wahrscheinlich nichts an seinem Outfit. Beauchamp kann die Augen also gar nicht gesehen haben. Die Zeitung veröffentlichte den Skandal trotzdem zusammen mit einer kunstvollen Bleistiftzeichnung. Der echte Dieb wurde nie gefasst.

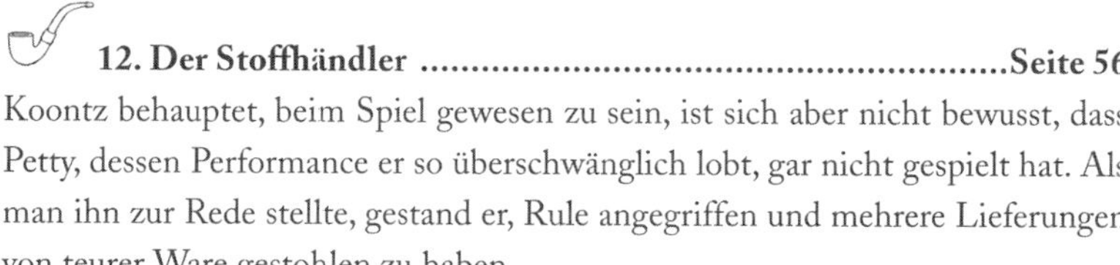

12. Der Stoffhändler .... Seite 56

Koontz behauptet, beim Spiel gewesen zu sein, ist sich aber nicht bewusst, dass Petty, dessen Performance er so überschwänglich lobt, gar nicht gespielt hat. Als man ihn zur Rede stellte, gestand er, Rule angegriffen und mehrere Lieferungen von teurer Ware gestohlen zu haben.

13. Stanleys Entkommen .... Seite 60

In Anbetracht der Tatsache, dass es im Haus ungewöhnlich still war, kann der Einbrecher nicht durch die Verandatür eingedrungen sein, ohne dass Annabel Voss ihn gehört hätte. Die Küchentür hätte man leise öffnen können, aber aufgrund der Spinnweben kann man davon ausgehen, dass die Tür ein paar Tage lang nicht geöffnet wurde. Die Haustür hätte Annabel laut eigener Aussage gehört. Also muss der Einbrecher durch die Terrassentür gekommen sein. Wie wir wissen, hätte niemand durch den Ballsaal spazieren können ohne von Arlene gesehen zu werden, was bedeutet, dass Arlene mit dem Einbrecher unter einer Decke steckte. Sie wurde später wegen Komplizenschaft festgenommen und verriet, wer die Kidnapper waren – ihr Cousin war Teil einer kleinen Gang – um eine mildere Strafe zu bekommen.

14. Die gestohlenen Saphire .... Seite 64

Es ist Sonntag und sonntags arbeiten Postboten nicht. Das weiß man eigentlich, besonders wenn man nicht mehr so gut auf den Beinen ist. Als man ihn zur Rede stellte, knickte Joey Whitson sofort ein und gestand den Diebstahl. Obwohl er seine Nervosität gegenüber dem Inspektor verbergen konnte, war ihm keine bessere Lüge eingefallen. Er war nach oben gegangen, um nach Walter zu sehen, entdeckte den Ring auf dem Schminktisch und stahl ihn kurzerhand. Der folgende Skandal kostete ihm den Job.

15. Das Einzelstück .... Seite 68

Griffith ist darauf bedacht, klarzustellen, dass er ein wasserfestes Alibi hat – noch bevor irgendjemand von dem Auktionshaus über den Einbruch in Matthews Haus am vorherigen Abend informiert wurde. Warum sollte er das tun, wenn er nichts davon wusste? Auf Miss Millers Hinweis hin, befragte die Polizei Griffith, der schließlich gestand, den Namen und die Adresse des neuen Besitzers der Wandertaube an einen der erfolglosen Bieter der Auktion verkauft zu haben. Obwohl der Käufer nicht direkt sagte, dass er den Vogel stehlen wolle, war Griffith so nervös, dass er sich sein Alibi ausdachte. Er wurde nicht zu Rechenschaft gezogen, aber gefeuert, und der Dieb gefasst.

16. Angriff im Antiquariat .... Seite 72

Beauchamp schlug mit einem Schürhaken auf den Angreifer ein, den der mit dem Unterarm abwehrte. Diese Abwehr würde mindestens einen schweren Bluterguss zurücklassen. Gerber, der ehemalige Angestellte, trägt trotz der Hitze eine warme Jacke. Als Parnacki ihn bat, sie auszuziehen, knickte er sofort ein und gestand den Überfall. Da er für Beauchamp gearbeitet hatte, wusste er genau, wann ein guter Zeitpunkt war, um das Antiquariat auszurauben.

17. Das Miniaturbild .... Seite 75

Es gab nur eine Person, die nicht genau wusste, in welcher Schublade Lila Palmer das Miniaturbild aufbewahrte – Pastor Allison. Alle anderen waren dabei, als sie es wegräumte. Da es sowieso riskant war, das Miniaturbild zu klauen, kann man mit Sicherheit behaupten, dass der Dieb weder den Lärm noch die Zeit in Kauf nehmen würde, unnötige Schubladen auszuräumen. Das Miniaturbild wurde später in Pastor Allisons Besitz gefunden. Es war eine Verzweiflungstat gewesen, da er hohe Spielschulden und ziemlich aggressive Schuldeintreiber im Nacken hatte.

18. Die Foreman-Figuren .... Seite 78

Stella erklärt deutlich, dass in den Zeitungen steht, fünf Figuren seien gestohlen worden. Coombs kann nur wissen, dass es drei Figuren sind, die fehlen, wenn er selbst an dem Diebstahl beteiligt war.

19. Die vermissten Ohrringe .... Seite 82

Wenn möglich, drehen sich Pflanzen immer der Sonne entgegen, anstatt sich von ihr abzuwenden. Der Hibiskus zeigt in die falsche Richtung. Jemand muss ihn also vor Kurzem bewegt und unachtsam wieder zurückgestellt haben. Als die Damen nachsahen, lagen die Ohrringe unter dem Blumentopf.

20. Der mutige Einbrecher .... Seite 85

Mack, der Gärtner, sah den Einbrecher durch die Fontäne hindurch, die das Gesicht des Mannes verzerrte. Das Problematische an der Aussage: Es handelt sich um eine elektrische Fontäne und der Strom war ausgefallen. Mack muss also lügen und vergessen habe, dass sie nicht funktionierte. Während des Verhörs gestand er, sich den Einbrecher nur ausgedacht und den Raub selbst begangen zu haben, während alle anderen unbekümmert feierten.

20. Mr. Arden Simms .... Seite 88

Ganton behauptet, nicht gewusst zu haben, dass Simms verheiratet war. Dies impliziert, dass Simms seinen Ehering stets abnahm, wenn er sich mit Ganton traf. Wie die Leiche allerdings beweist, nahm er den Ring nicht ab, während er sich in der Sonne bräunte. Als sie sich also nach seiner Rückkehr trafen, war die helle Linie auf seinem Finger sichtbar. Aus Wut brachte Ganton zum nächsten Treffen nach Feierabend in seinem Büro eine Pistole mit und erschoss ihn. Die Waffe wurde noch am selben Tag in ihrer Wohnung gefunden und passte zu den Kugeln, die man in Simms Leiche fand. Daraufhin gestand sie und schob alles auf ihre Wut auf Simms.

21. Das Pfauenzimmer .... Seite 91

Der Teppich im Pfauenzimmer ist stark durchnässt, es muss also reingeregnet haben – doch es hörte um 20 Uhr auf zu regnen. Also muss Zena lügen, wenn sie behauptet, alles im Zimmer sei um kurz vor 21 Uhr in Ordnung gewesen. Als die Polizei sie zur Rede stellte, gestand sie. Während die Familie beim Essen war, ging sie nach oben, schlug das Dachfenster mit einem Besen ein, drückte die Glasscherben heraus, stahl die Figuren und versteckte sie in einer Schublade in einem Schminktisch im Gästezimmer, der nicht mehr benutzt wurde.

21. Tod im Eisschrank .... Seite 94

Sam Moyes fühlt sich schuldig, weil er Howard einen Hinweis gab, der ihn in den Tod führte. Howards Leiche wurde am Morgen gefunden, aber Sam sagt, seine Schuldgefühle trieben ihn dazu, für Howards eine Kerze anzuzünden und zwar am Tag zuvor – also muss er bereits gewusst haben, dass Howard tot ist. Während eines intensiven Verhörs gestand Sam, auf der Gehaltsliste eines Mobs zu stehen, wenn er dafür sorgte, dass unbequeme Berichte nicht an die Öffentlichkeit gelangen, und dass er dafür, dass er seinem Kollegen einen falschen Tipp gab, eine hohe Summe erhalten habe. Er konnte bestätigen, dass der Mord am Freitagabend stattfand. Howards Mörder wurde identifiziert und kurz darauf festgenommen.

22. Der Stern von Rajpur .... Seite 97

Jeder des Personals war irgendwann im Laufe des Tages allein, deswegen ist es sinnvoller sich zu fragen, warum alle Edelsteine aus der Fassung geklaubt wurden – sowohl der echte als auch die unechten – doch das wertvolle Gold dagelassen wurde. Sich die Zeit dafür zu nehmen war riskant. Am naheliegendsten erscheint, dass der Dieb nicht wirklich wusste, was er suchte. Brady Ivey, der noch nie zuvor von einem Saphir gehört hatte, erinnerte sich daran, dass der blaue Stein wertvoll war, aber als er das komplette Schmuckstück sah, war er plötzlich verunsichert und beschloss alle Edelsteine zu stehlen. Doch das Ganze war nicht seine Idee – wenn er selbst geplant hätte, den Stern zu stehlen, hätte er nicht auch die Strasssteine entfernt. Er hätte einfach das Schmuckstück geklaut. Selbst ein Dummkopf weiß, dass Gold wertvoll ist. Also muss es der Plan von jemand anderem gewesen sein.

Aber wie bereits festgestellt, hätte jeder des Personals die Gelegenheit gehabt. Selbst Acie war für sich allein, nachdem Mrs. Brookshire ging. Der einzige Grund, einen eher unterbelichteten Dritten mit dem Raub zu beauftragen – was risikoreicher ist, als ihn selbst in einem stillen Moment zu entwenden – ist, wenn man selbst keinen Zugang zur Beute hat. Henri Rimel war die einzige Person, die noch von der Lieferung wusste. Er wollte den Stern unbedingt behalten, traute sich aber nicht, ihn durch einen falschen Stein zu ersetzen, wenn dieser schon

von Strasssteinen umrundet war. Da Emmeline den Stein hat einfassen lassen, um ihn überhaupt erst hervorzuheben, wäre es unglaublich schwer gewesen, einen entsprechenden falschen Edelstein zu erschaffen.

Also brachte Rimel ihr das Schmuckstück und beschloss auf dem Weg nach draußen, Gebrauch von Brady zu machen. Er schmierte dem Jungen Honig um den Mund und überredete ihn, den Stern als eine Art „Scherz“ zu stehlen und ihn ihm an der Pforte zu übergeben, wenn er Holz holen gehen würde. Um sicher zu gehen, nahm Brady alle Steine mit und Rimel entsorgte die restlichen. Dann machte er Brady klar, dass er jetzt ein böser Krimineller war und redete ihm ein, er stecke in großen Schwierigkeiten, und dass er nur eine Chance hätte, wenn er den Mund hielte. Dann drohte er Brady, seiner Familie etwas anzutun, wenn dieser jemals Rimels Namen erwähnen würde.

Zu Rimels Pech, lenkte die Tatsache, dass Brady alle Steine, aber nicht das Gold, gestohlen hatte, Miss Millers Verdacht auf ihn. Sie verstand, dass eine dritte Person involviert gewesen sein muss. Im Rahmen von polizeilichen Überwachungen wurde Rimel gefasst, als er den Stern an einen zwielichtigen privaten Sammler verkaufen wollte. Brady wurde weder belangt noch gefeuert, musste sich aber einen Vortrag von Collins über das Sprechen mit Fremden und das Erkennen von offensichtlichem Betrug anhören.

22. Eine unabhängige Frau .... Seite 106

Die genaue Todesursache ist noch unklar, wie die Zeugenaussagen von Anya Day und Briony Marley bestätigen, doch Easton Miles weiß, dass sie die Treppe heruntergefallen ist. Dies kann er nur wissen, wenn er sie selbst gestoßen hat. Außerdem widerspricht seine Beschreibung der Beziehung zu seiner Mutter der Aussage seiner Schwester. Im Rahmen von Nachforschungen erfuhr Parnacki, dass Easton hohe Spielschulden hatte. Als er ihn damit konfrontierte, gestand der Mann, seine Mutter getötet zu haben, um seinen Teil des Erbes ausgezahlt zu bekommen.

23. Tödliches Treffen .... Seite 110

Das Gift befand sich in den Eiswürfeln in dem Krug. Der Barkeeper, der in der Schuld von Hansen stand, hatte selbst Eiswürfel mit gefrorenem Gift in der

Mitte vorbereitet. Als sie das für die Jahreszeit unübliche Eis-Getränk bestellte, verwendete der Barkeeper die vergifteten Eiswürfel. Hansen trank absichtlich ihr erstes Glas schnell auf, bevor die Eiswürfel schmelzen konnten, füllte es dann wieder auf, jedoch ohne davon zu trinken. So erhoffte sie sich, dass wenn gegen eine von ihnen Ermittlungen angestellt würden, der Verdacht auf Mrs. Rosenthal fiel, die das vergiftete Getränk nicht getrunken hatte, und ihr eigenes Überleben als Glückssache verbucht würde.

23. Der Schummler .... Seite 114

Cameron Honeycutt ist der Einbrecher. Er ist der einzige der Studenten, der groß genug ist, um durch den oberen Teil des Fensters von dem Büro des Professors zu sehen. Außerdem ist er von allen am Besten organisiert und am pragmatischsten – Jacob ist unordentlich, Nicholas ganz von seinem Schmerz eingenommen und Alexander ein Träumer – und gut im Sport zu sein, impliziert zumindest eine gewisse Selbstdisziplin. Und schließlich hat Cameron ein ausgezeichnetes Gedächtnis, was er durch sein beeindruckendes Allgemeinwissen bewies. Das hat ihm geholfen, sich nicht nur zu merken, wo das Examen lag, sondern auch sich alle Fragen, um bei der Prüfung zu schummeln, zu merken.

Als Cameron nachmittags zur Rede gestellt wurde, gestand er. Er hatte Dean am Morgen an dem Examen arbeiten sehen, als er am Büro vorbei ging, und bleib so lange stehen, bis er sehen konnte, wo Dean es verstaute. Dann suchte er sich einen Freund aus seiner Sportmannschaft, der eine kriminelle Vergangenheit hatte, und brach mit ihm in der Nacht in Deans Büro ein. Cameron öffnete das Examen und merkte sich alle Fragen. Erst da wurde ihm bewusst, dass er die Rolle nicht wieder versiegeln konnte. Er entschuldigte sich immer wieder und am Ende entschied Dean sich, ihn vom Examen auszuschließen, aber dem nicht weiter nachzugehen, unter der Bedingung, dass so etwas nie wieder vorkommen würde.

24. Der Bananenhandel .... Seite 124

Reagan sagte aus, dass er sich durch den Seiteneingang der Bar auf die Straße stellte. Wie kann er dann also gesehen haben, wie Cochran Marks ermordete, der sich vor der Bar aufhielt? Auch, wenn man durch die Fenster der Kneipe blicken könnte – was unwahrscheinlich ist, weil diese dunkel ist – wäre es unmöglich,

dass Reagan bis auf den Bordstein vor der Kneipe sehen und Marks Blut erkennen konnte. Reagan gestand schließlich den Mord. Er war von Opium-Dealern angesprochen worden, die ihm anboten anstelle von Alkohol Opium zu verkaufen, doch Marks weigerte sich und drohte zur Polizei zu gehen, falls Reagan mit dem Dealen von Drogen anfing. Daraufhin ermordete Reagan ihn.

24. Tod am Kamin .... Seite 128

Der Mörder war Victors Sohn Benjamin. Er tötete Victor gegen 13 Uhr, während Lucas, Delilah und ihre Familien gemeinsam Mittag aßen und Julian mit Giselle Renton zusammen war. Benjamins Vater war nicht mit seinem ausschweifenden Lebensstil einverstanden. Nach mehreren Diskussionen hatte er entschieden, ihn so lange aus seinem Testament zu streichen, bis Benjamin verheiratet wäre. So weit wollte Benjamin es nicht kommen lassen. Also verließ er das Haus morgens so, dass jeder ihn sah und kam zurück, während alle anderen beschäftigt waren. Nachdem er seinen Vater erstickt hatte, wickelte er ihn in eine warme Decke ein, setzte ihn in den Sessel neben dem Feuer und fachte es mit all der Kohle an, die er finden konnte, sowie mit dem Kissen, mit dem er Victor erstickt hatte. Dann schloss er die Tür, verließ das Haus wieder und kam lautstark pünktlich zum Meeting zurück, welches er einberufen hatte, um sich ein Alibi zu geben. Ganz nach Benjamins Plan war Dr. Braden aufgrund der Hitze im Raum und der Wärmeisolierung des Körpers fälschlicherweise von einer späteren Todeszeit ausgegangen.

24. Der Vogelbeobachter .... Seite 137

Als Rebecca Martin fand und nach Hilfe schrie, rannten alle Partygäste die Treppe hoch. Als Miss Miller ihren Namen rief, erschrak sie so stark, dass sie die Vase vom Tisch stieß, die einen Riss bekam. Die Tatsache, dass nichts gestohlen wurde, legt nahe, dass es sich um ein persönliches Motiv handelt, was wiederum daraufhin weist, dass es einer der Gäste gewesen sein muss. Für einen Außenstehenden wäre es unnötig schwierig und gefährlich, Martin in einem Haus voller Leute aus dem Hinterhalt zu überfallen. Während Mike und Willis Martin nach unten trugen, hörte Miss Miller, wie sich ein Riegel verschloss. Die restlichen Partygäste müssten sich schon auf der Treppe befunden haben, aber in der Aufregung achtete

Miss Miller nicht auf die genaue Zusammensetzung der Gruppe. Das tat keiner. Wenn der Angreifer oben durch das Fenster geflohen ist, wer schloss dann hinter der Gruppe mit Martin die Tür?

Als alle anderen anwesend waren, nachdem Rebecca mit Martin weggefahren war, kam Miss Miller der Verdacht, dass es jemand der Gäste gewesen sein musste. Dann, nach der Hausdurchsuchung, berichtete Mike, dass er im Zimmer mit dem offenen Fenster einen Schürhaken gefunden hatte. Es war also sicher, dass der Angreifer kein panischer Dieb war. Schließlich erwähnte er die Vase und David vermutete, dass sie von dem vermeintlichen Einbrecher runtergeschmissen wurde. Allerdings hat jeder gesehen, dass Rebecca die Vase runterstieß, als sie sich erschrak.

David war (fälschlicherweise) davon überzeugt, dass Marin und Zettie hinter seinem Rücken eine Affäre hatten. Die beiden in einer ausgelassenen Unterhaltung zu sehen brachte das Fass zum Überlaufen. Er folgte Martin auf dem Weg ins Badezimmer nach oben, schnappte sich den Schürhaken und schlug ihm damit auf den Hinterkopf als er aus dem Bad kam. Dann hörte er Rebecca hochkommen, die nach ihrem Mann suchte, bevor er sich wieder unter die Gäste mischen konnte. Also ließ er den Schürhaken fallen und versteckte sich in einem Schrank in dem kleinen Schlafzimmer. Dort wartete er, bis er hörte, dass die Gästegruppe wieder nach unten ging, kam leise aus dem kleinen Schlafzimmer raus und schloss sich der Gruppe an. Zu seinem Pech wusste er nicht, dass Rebecca die Vase zerbrochen hatte und alle anderen dabei waren. Miss Miller kam mit einem Polizisten zurück, der die Aussagen von allen Gästen aufnahm. In ihrer Aussage machte sie deutlich, dass alle gesehen haben, wie Rebecca die Vase runterschmiss. Als David seine Unwissenheit also nicht erklären konnte, wurde er festgenommen. Martin überlebte und erholte sich fast völlig wieder (nur die Funktion seines linken Arms war eingeschränkt). David kam wegen versuchten Mordes ins Gefängnis.

ISBN 978-3-7724-4557-6

ISBN 978-3-7724-4556-9

ISBN 978-3-7724-4931-4

ISBN 978-3-7724-4991-8

ISBN 978-3-7724-4990-1

ISBN 978-3-7724-4993-2

GTIN 4007742181017

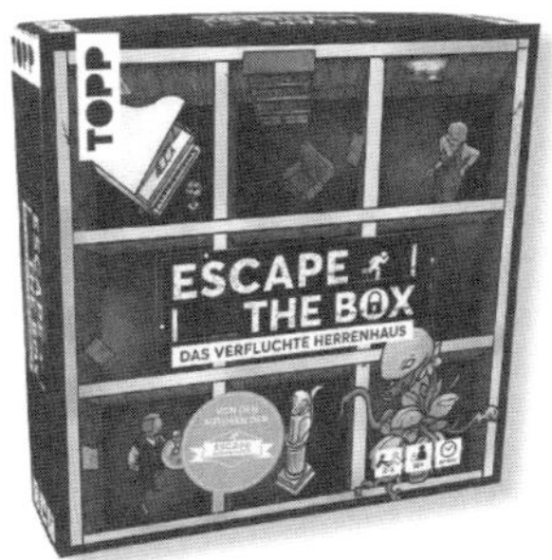

GTIN 4007742181024

ISBN 978-3-7724-4532-3

ISBN 978-3-7724-4531-6

ISBN 978-3-7724-4996-3

ISBN 978-3-7724-4947-5

ISBN 978-3-7724-4318-3

ISBN 978-3-7724-4296-4

ISBN 978-3-7724-4948-2

ISBN 978-3-7724-4295-7

ISBN 978-3-7724-4928-4

#TOPPPROJEKT

Die eigene Kreativität zeigen: TOPPprojekt mit anderen Kreativen teilen und Teil der Gemeinschaft werden.

DIY-begeistert und auf Instagram? Dann unbedingt mitmachen! Hier gibt's Tipps und Feedback zu den eigenen Projekten. Außerdem verlosen wir jeden Monat ein Überraschungspaket. Um am Gewinnspiel teilzunehmen, einfach ein Bild vom Kreativ-Projekt aus unseren Büchern mit #TOPPprojekt posten und unserem Account @frechverlag folgen. Mehr Infos auf TOPP-kreativ.de/TOPPprojekt

Website

Auf TOPP-kreativ.de können Sie ein riesiges Angebot von über 1.000 Kreativbüchern, Sets & mehr entdecken.

Newsletter

Gleich anmelden unter: TOPP-kreativ.de/newsletter und immer als Erstes von unseren Neuheiten und Sonderaktionen erfahren.

Instagram

@frechverlag

Pinterest

pinterest.com/frechverlag

Facebook

facebook.com/frechverlag

DigiBib

Hier finden Sie zusätzlich zu vielen unserer Bücher digitale Extras, wie Video-Tutorials, Plotter-Dateien, Vorlagen, Übungsblätter & vieles mehr. Einfach im Impressum Ihres TOPP-Buchs den Freischalte-Code nachschlagen und exklusive Inhalte freischalten. TOPP-kreativ.de/digibib

Youtube

youtube.com/frechverlag

Wer wir sind, wie wir arbeiten, was wir lieben ...

Auf Instagram, Facebook und Pinterest finden Sie mehr über uns und unsere Arbeit und werden immer schnell und einfach mit den neuesten Infos versorgt.

Alle News, alle Infos und alle Links finden Sie auf www.TOPP-kreativ.de

Notizen

Notizen

KREATIV-HOTLINE

Hilfestellung zu allen Fragen, die Rätsel
und das Buch betreffen:
FRAU ERIKA NOLL berät Sie.
Rufen Sie an oder schreiben Sie eine E-Mail!
Telefon: 0711 / 123 757 20*

*normale Telefongebühren

E-Mail: mail@kreativ-service.de

IMPRESSUM

FSC MIX Aus verantwortungsvollen Quellen FSC® C023577 www.fsc.org

Penguin Random House Verlagsgruppe
FSC® N001967

RÄTSEL: frechverlag
PRODUKTMANAGEMENT UND LEKTORAT: Marcel Haug
COVERGESTALTUNG: Eva Hook
HERSTELLUNG: Jessica Siebert
LAYOUT UND SATZ: WS – WerbeService Linke, 76185 Karlsruhe
DRUCK UND BINDUNG: POLYGRAF PRINT spol. s r.o.

2. Auflage 2022

ISBN 978-3-7724-6868-1 • Best.-Nr. 6868